PROCEZ VERBAL

DE LA

RECHERCHE DE LA NOBLESSE

DE CHAMPAGNE.

Réimprimé à Vouziers,

A la Typographie de FLAMANT–ANSIAUX, Libraire.

1852.

ON TROUVE A LA MÊME LIBRAIRIE :

LE PROCÈS - VERBAL

AUTHENTIQUE

DE L'ARRESTATION

DU ROI LOUIS XVI,

ET DE SA FAMILLE,

A VARENNES

Copié textuellement sur
l'original déposé dans les archives de la municipalité
de VARENNES (Meuse).

In-8º; — Prix : 75 centimes.

PROCEZ VERBAL

DE

LA RECHERCHE

DE LA

NOBLESSE

DE CHAMPAGNE

FAIT PAR MONSIEUR DE CAUMARTIN,

Avec les armes et blazons de chaque famille,

AUGMENTÉ DE LA DIVISION DE LA PROVINCE DE CHAM-
PAGNE PAR GÉNÉRALITÉS ET ÉLECTIONS, D'APRÈS
LE DÉNOMBREMENT PUBLIÉ EN 1735.

A CHAALONS,

Chez Jacques Seneuze, Imprimeur ordinaire du Roy, au Lion.

M. DC. LXXIII.

Avec Privilege de Sa Majesté.

NOTE DE L'IMPRIMEUR

DE CETTE ÉDITION.

Le livre que nous réimprimons ne peut qu'être favorablement accueilli du public, en ce moment surtout où l'on s'occupe de la recherche des anciens titres. Le Procès‑Verbal de la Noblesse de Champagne a été fait sous la direction de M. de Caumartin (*) par le savant généalogiste d'Hozier. Deux éditions de cet ouvrage ont été publiées, la première en deux volumes très‑grand in-folio et la deuxième en un volume in-12; c'est celle-ci que nous avons réimprimée en conservant scrupuleusement l'orthographe et la rédaction.

(*) Il n'est point auteur comme on l'a dit des Recherches sur la Noblesse de Champagne; ce travail fut seulement exécuté sous sa direction par d'Hozier. *Biographie universelle.* (Michaud, éditeur.)

Afin d'augmenter l'intérêt de ce livre, nous y avons ajouté la division de la province de Champagne par généralités et élections, d'après le dénombrement du royaume publié en 1735, par un sieur Saugrain (*).

Cette édition, tirée à petit nombre d'exemplaires, comblera un vide dans les bibliothèques, où sa place est marquée.

(*) 2 vol. in-4°. — 1735.

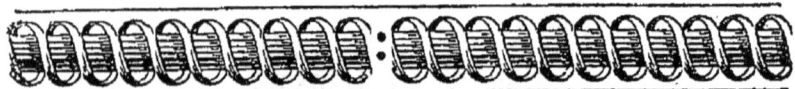

AU ROY.

SIRE,

C'est une maxime générale et reconnuë dans tous les États du monde, que la Majesté du Prince est la source de toute la

Noblesse, qui peut rendre des sujets illustres, et distinguer leur postérité d'avec les autres Familles. Ainsi quand VOSTRE MAJESTÉ a mis une partie de ses soins à purifier la Noblesse de tout ce qui s'y étoit meslé d'étranger et de faux ; Elle a fait sans doute une action digne de sa Grandeur et de sa Justice, et qui merite d'estre contée entre tant de grandes choses que l'Europe luy a veu faire.

Il étoit aisé de prévoir, SIRE, qu'aprés avoir rétably l'ordre dans les Finances, remis les Loix et la Justice dans leur force et dans leur pureté ; éteint la fureur des combats particuliers ; reprimé les violences dans les Provinces ; rendu la Paix à l'Eglise, et réüny les Théologiens dans la défense commune de la verité ; reduit les grandes Armées à garder les Loix d'une exacte discipline ; recompensé les gens de Lettres, et relevé la gloire de tous les beaux Arts, V. M. prendroit un soin particulier de la Noblesse, et regleroit cette principale partie de l'Etat, aprés avoir reformé toutes les autres.

Il étoit de la sagesse de V. M. de separer les veritables Nobles d'avec ceux qui ne l'étoient pas ; de faire un juste discernement des Titres d'une possession legitime, d'avec une injuste usurpation, des droits d'une naissance illustre, d'avec les prétentions d'une vanité mal fondée ; de ce qui est l'ouvrage de la Majesté du Prince ou de la vertu des sujets, d'avec ce qui n'est que l'ouvrage de l'ambition et de l'imposture. La Noblesse étoit la plus brillante marque de la vertu ou militaire, ou civile, et la plus belle récompense qu'elle puisse trouver hors d'elle mesme, il y auroit eu du désordre à laisser cette marque et cette recompense à des gens qui ne sçauroient montrer dans toute leur Genealogie, aucune trace de cette vertu.

Cette gloire que tant d'excellens hommes ont acquise à leur postérité au prix de leur

sang, de leur repos et même de leur vie,
ne devoit elle coûter à d'autres que de la
fraude et de la temerité? N'étoit-il pas
juste que ceux qui s'étoient élevez à une
condition qu'ils n'avoient pas meritée, re-
tombassent dans l'obscurité de leur naissance, et qu'apres avoir dérobé le feu du
Ciel, comme ce Promethée de la Fable,
ils ne pûssent non plus que luy joüir du
fruit de leur larcin? S'il leur eût esté
permis de s'ennoblir de la sorte, chacun
eut esté l'Artisan de sa Noblesse; le men-
songe eut esté confondu avec la vérité.
Les Roys auroient perdu le plus beau
Fleuron de leur Couronne, et le peuple,
sur qui seroit tombé tout le poids des
charges publiques, auroit en vain murmuré
contre ces faux nobles et contre leurs im-
munitez prétenduës.

Vôtre M., SIRE, qui non seulement imite
les vertus des Roys ses Predecesseurs, mais
qui les surpasse encore par des actions

inimitables, n'a pû souffrir plus long-temps
ce desordre dans son Royaume. Elle a
remis dans leur rang ceux qui en estoient
sortis. Elle a rejetté sur eux les charges
qu'ils devaient porter, et leur ostant cette
exemption pleine et entiere qu'ils s'étoient
eux mesmes accordée, Elle n'a pas voulu
qu'ils se rendissent plus heureux, parce
qu'ils étoient ou plus riches, ou plus har-
dis. Ainsi, par une méme Ordonnance,
Elle a reglé le bien public, et l'avanta-
tage des particuliers, la conservation de la
veritable Noblesse, l'augmentation des Finances, et le soulagement des peuples.

Vôtre bonté, SIRE, n'a pas eu moins
de part que vôtre Justice en cette exacte
recherche. Vous avez voulu connoître l'o-
rigine des Maisons, leur antiquité, leurs
alliances, les dignitez qu'elles ont possé-
dées, le lustre qu'elles ont acquis, les
services qu'elles ont rendus, afin que sous
un Regne aussi equitable que celuy de V.

1*

M. le merite ait son prix, et que la recompense des belles actions passe des Peres
jusqu'aux enfans.

C'est par cette connoissance que V. M.
dispose des emplois, et fait le choix des
personnes qui les doivent remplir. Elle
sçait que l'on doit esperer davantage de
ceux qui sont d'une Famille plus illustre,
parce qu'ils ont plus de motifs et plus de
raisons de bien servir. Car outre ces sen-
timens de force et de valeur, qui se com-
muniquent avec le sang, et r'animent la
vertu des grands hommes en la personne
de leurs descendans ; la passion d'acquerir
de la gloire, le désir naturel de conserver
celle qui leur est acquise, l'exemple de
leurs ayeux, la honte de démentir leur
sang, et de se rendre indignes de leur
propre nom, les excitent incessamment et les
rendent capables des plus grandes choses.

Toutes ces raisons, SIRE, m'ont per-
suadé que ce pourrait estre une chose agrea-

ble à V. M. et utile au public, de mettre dans un Recüeil toutes les Maisons des Gentils-hommes de Champagne, et de faire imprimer les Genealogies, avec les extraits des Titres reconnûs et vérifiez sur les originaux. Les personnes de qualité auront sans doute de la joy, qu'on expose aux yeux de tout le monde cette ancienne vertu qui brille dans leurs Maisons depuis tant de siecles. Ils regarderont ce Recüeil comme un Titre que l'impression rendra incorruptible, qui malgré le malheur des temps se conservera pour eux sans qu'il leur en coûte ny soin ny peine, et qui fera voir un jour aux descendans de ceux qui vivent aujourd'huy les preuves de leur Noblesse, et leur Genealogie, verifiée par un Commissaire du plus sage, et du plus grand Monarque du monde.

Il m'a semblé, SIRE, qu'on devait cette justice à la Noblesse de cette Province, et qu'il estoit raisonnable de prendre quel-

que soin de luy conserver ses Titres, puis
qu'elle s'est si souvent exposée pour la
conservation de l'Etat. Cette Noblesse est
toute de cœur et de zele pour son Prince,
assiduë dans le service, perseverante dans
les travaux, propre à obeïr et à comman-
der. Elle a produit de grands Capitaines
et d'illustres officiers de la Couronne ; et
l'on n'y trouve point de ces Maisons Nobles, mais paresseuses, qui laissent passer
plusieurs generations sans rendre aucun
service, et qui ne se distinguent du peuple
que par la Chasse, par l'oisiveté, ou par
la violence. Aux premiers bruits de guerre
toute la Champagne est en armes ; les
Gentils-hommes y sont tous aguerris. On
diroit qu'ils ne sont nais sur cette frontiere
que parce qu'ils ont plus de courage pour
la deffendre, et qu'ils ne sont en veuë
des ennemis, que parce qu'ils sont tous-
jours prests à donner ou à soutenir les
premiers assauts. On peut ajouter que com-

me il n'y a point de Noblesse qui se soit
renduë plus illustre, il n'y en aurait point
aussi de plus nombreuse ny de plus flo-
rissante, si plusieurs Maisons considerables
n'y eussent pery dans les guerres.

C'est ce qui m'oblige, SIRE, de présen-
ter à V. M. ce Recüeil des Genealogies :
Elle y trouvera d'un costé des Maisons
tres-illustres, dont les Branches se sont
respanduës en diverses Provinces ; de l'autre, des Familles mediocres, et qui n'ont
précisement que ce qui leur est neces-
saire pour joüir du privilège de Noblesse.
Mais cette inégalité, qui se trouve neces-
sairement dans toutes les Provinces du
Royaume, est en general tres-utile et tres-
avantageuse, puis qu'elle fournit des sujets
pour toute sorte d'employs, et qu'elle forme
avec cette différence de parties un corps
entier et bien composé, qui ne sçauroit
subsister avec des parties parfaitement éga-
les. On sait d'ailleurs ce que sont toutes

les choses dans leurs principes : que ces
grands fleuves, qui rendent les Provinces
par où ils coulent, si riches et si fameu-
ses, ne sont en leurs sources que des ruis-
seaux peu considérables ; et que ces arbres
prodigieux qui s'élevent jusqu'aux nuës, et
qui sont une si grande ombre, n'ont esté
autrefois que des glands ou des noyaux.
Outre qu'on peut dire icy que tout ce qu'on
y trouve de médiocre est recompensé ou par
des alliances ou par des services : ou for-
tifiez par un merite personnel capable de
produire avec le temps tout ce qu'il y a
de plus éclatant dans les plus anciennes
Familles.

J'ai cru, SIRE, que V. M. ne desap-
prouveroit pas que je luy rendisse ce compte
public de mon employ ; je pourrois l'asseurer que j'ai suivy toutes ses intentions
en exécutant ses Ordres, et que je me suis
conduit par cet esprit de douceur, d'exac-
titude et de justice, qu'elle inspire à tous

ceux qui ont l'honneur d'entrer dans ses
Conseils, et d'estre employez dans ses af-
faires ; il ne me reste que d'asseurer icy
V. M. que personne n'est, avec plus de
passion, plus de zèle, et plus de respect
que moy,

DE V. M.

Le tres-humble, tres-obéissant, et
tres-fidel serviteur et sujet,
CAUMARTIN.

ANGLURE, Originaire de Champagne.

ARNOULD-SALADIN D'ANGLURE, Marquis de Cou-
blanc, y demeurant Election de Langres.

Angelique d'Aspremont, veuve de François d'Anglure Prince d'Amblize, Marquis de Sy.

Louis - Absalon, Marquis de Sy, Charles - Henry,
Prince d'Amblize, Jean-Henry d'Anglure, frères.

Nicolas d'Anglure, Comte de Bourlémont.

*D'Or, semé de Grillots d'argent, soutenus de Crois-
sans de gueules.*

2.　ASPREMONT, Orig. de Lorraine.

Absalon-Claude-Jean-Baptiste d'Aspremont, Marquis
de Vendy.

Madeleine de Fabert, veuve de Jean, Seigneur de
Laubresle, Abraham-Jean-Louis, et Jean, Seigneur
de Laubresle, Charlotte, Anne - Louise et Inno-
cente, ses enfans.

De gueules à la Croix d'argent.

3.　AVERHOULT, Originaire d'Artois.

Jean d'Averhoult, Seig. de Guincourt, y demeurant, Election de Vitry.

*Fascé d'or et de sable de six pièces, au franc-
quartier d'Hermines.*

4.　D'AGUERRE, Orig. de Guyenne.

Louis d'Aguerre, Seig. de Cours, y demeurant,
Election de Reims.

François, Vicomte de Villette, demeurant à Vieux
lez Ecry.

D'or à trois Pies au naturel.

5.　AMBLY, Orig. de Champagne.

Jean - Louis d'Ambly, Seig. dudit lieu, y demeurant, Election de Rethel.

François, Baron Desayvelles, y demeurant.

Anne de Rosières, veuve de Philippes - Foucault
d'Ambly, Seig. de Tourteron :

Henriette-Adrienne, sa fille.

D'Argent, à trois Lionceaux de sable.

3

6. D'AVANNES, Orig. de Bourgogne.

Pierre d'Avannes, Seig. de Villers, y demeurant, Election de Troyes.

De gueules à 3. quintes feüilles d'or, Ecartelé de sable, au sautoir d'or, accompagné de 4. Grillons de mesme.

7. ARTIGOITY, Orig. de Biscaye.

Arnoult Baron d'Artigoity et de Meuse, y demeurant, Election de Langres.

D'Azur à l'anille d'argent.

8. ANCIENVILLE, Orig. de Champagne.

Louis d'Ancienville, Seig. de Villers aux Corneilles, y demeurant.

Et Françoise d'Ancienville, sa sœur, Election de Sezanne.

De gueules à 3. Marteaux de Massons d'argent, dentelés et emboutés d'or.

9. ARGILLIERES, Orig. de Picardie.

Antoine, Seig. d'Argillieres, Charles-Henry Sieur du Frenoy, Pierre sieur d'Abecourt, et Henry sieur de Courgeraines.

D'or à la face de gueules accompagnée de 3. Trefles de mesme.

10. D'AUNAY, Orig. de Champagne.

Louis d'Aunay sieur de Morambert et de Frampas, y demeurant.

Charles d'Aunay sieur de Reges y demeurant, Election de Troyes.

Henry d'Aunay sieur de Frampas et Morambert, qui ont fait leur Genealogie séparée de celle de

Leon d'Aunay, sieur de Fligny en partie, Election de Bar-sur-Aube, lequel en a aussi fait une.

D'azur au Cocq d'or.

11. ARBAUD, Orig. de Provence.

Antoine d'Arbaud Seig. de Porcheres, demeurant à Fay Election de Vitry.

D'azur au Chevron d'argent, au chef d'or chargé d'une Etoile de gueules.

12. ALONVILLE, Orig. de Beausse.

Edme d'Alonville sieur d'Arnancourt, demeurant à la Chese, Election de Bar-sur-Aube, et Anne d'Alonville sa Sœur, veuve d'Estienne de Hallé Seig. de l'Isle.

D'argent à 2 Faces de sable.

13. AVRILLOT, Orig. de Champagne.

Gaspart d'Avrillot sieur de Chaffaut et d'Essey Election de Langres.

Nicolas d'Avrillot sieur de Beauregard.

D'azur à 3. Etoiles d'or, et une teste de More de sable bandée d'argent, posée en abysme.

14. AIGUISY, Orig. de Champagne.

Nicolas d'Aiguisy sieur de Rumes.

Charles d'Aiguisy sieur de Jussancourt.

Antoine d'Aiguisy, et Guillemette d'Aiguisy, fille de Jean d'Aiguisy.

Jeanne de Blond veuve de Nicolas d'Aiguisy, sieur de Laugny.

D'argent à 3. Merlettes de sable, les 2. du chef affrontées et l'autre en pointe.

15. ALENDUY, Orig. de Champagne.

Philippes d'Alenduy, Seigneur d'Herbigny, demeurant à Ige.

Jean, sieur du Champ de la Grange, Election de Rethel, et

Philippes, sieur d'Herbigny, demeurant à Logny, Bogny, Election de Reims.

D'Azur à 3. Pots d'argent, 2. et 1.

16. AUTRÉ, Orig. de Champagne.

Robert d'Autré, Seig. de S. Gobert, demeurant à la Neufville, Election d'Espernay.

De gueules à la Face de 5. Fusées d'argent.

17. ARRAS, Orig. de Champagne.
Acham d'Arras, sieur d'Haudrecy.
Robert d'Arras, Vicomte de Poüilly.
Et Marguerite d'Arras, demeurans à Haudrecy,
  Election de Rethel.

*D'Argent au Chevron d'azur, accompagné en chef
de deux Blairiers affrontez de sable, becqués et pattés
de gueules.*

18. AVENNES, Orig. de Champagne.
Louis d'Avennes, Seig. d'Harmonville.
Estienne d'Avennes, aussi Seigneur dudit Harmon-
  ville.
Marguerite d'Avennes, veuve du sieur de Bohan,
  demeurant à Harmonville, Election de Reims.

*D'Or à 3. Faces de sable, chargées de 6. Besans
d'or, posez 3. 2. et 1.*

19. AUBELIN, Orig. de Beausse.
Jacques Aubelin, sieur de Nuisement, demeurant
  à la Madelene lez Vertus, et Nicolas Aubelin,
  Seigneur de Cuperly, demeurant au Jardinet,
  Election de Chaalons.

*D'Azur au chevron d'argent, accompagné en chef
de 2. Estoiles d'or, et en pointe d'une teste de Cerf de
mesme.*

20. D'AUBLIN, Orig. de Champagne.
Guillaume d'Aublin, sieur de la Barre, demeurant
  à Roisy, Elect. de Reims.

*D'Argent à la Bande de gueules, chargée de 3.
Besans d'or.*

21. AUTRY, Orig. de Barrois.
Charles, Baron d'Autry, y demeurant, Election
  de Reims.

De gueules au Sautoir d'or.

22. ALICHAMP, Orig. de Champagne.
Jeanne du Mesnil, veuve d'Honoré d'Alichamp, Seig.
  d'Espagne y demeurante, Election de Troyes.

François - Honoré, Jean-Georges, et Marie-Angeli-
que d'Alichamp, ses enfans.

*D'Azur au chevron d'or, accompagné de 3. Roses
de mesme.*

23. ALIGRET, Orig. de France.
Jeanne de Vauclerois, veuve de Charles d'Aligret,
sieur d'Villy, y demeurante, Elect. d'Espernay.
Charles d'Aligret, sieur d'Villy, Louis et François
d'Aligret, ses enfans.

D'Azur, à 3. Aigrettes d'argent.

24. AUGER, Orig. de Champagne.
Guy-Aldonce d'Auger, sieur de Manimont, y demeurant, Election de Rethel.

D'Azur, à la Face d'or.

25. ANTOINE, Orig. de Champagne.
François-Antoine, Sr. de la Villeneuve au Fresne,
et du Mesnil - Fouchart, y demeurant, Election
de Bar-sur-Aube.

D'or, à 3. Ecrevisses de gueules.

26. AIGREMONT, Orig. de Champagne.
Jean d'Aigremont, sieur du petit Mesnil et Chaumesnil, y demeurant, Election de Bar-sur-Aube.

D'Argent, au Lion de gueules.

27. DE L'AUMOSNE, orig. de Champagne.
Claude des Champs, veuve de François de l'Aumosne, Sr. de Raucourt, Georges, Philippes, Nicolas
et Charlotte de l'Aumosne, enfans dudit deffunt
et de ladite des Champs, demeurans audit Raucourt, Election de Chaumont.

*D'Azur à 3. faces d'or enfeuillées de scies, et 3.
Roses de mesme en chef.*

28. L'AUMOSNIER, Orig. de Picardie.
Jacques et Henry l'Aumosnier, Srs. de Varennes
y demeurans, Election de Reims.

D'Or à 3. Hures de Sanglier de sable.

3*

29. AVOGADRE, Orig. de Piedmont.

Edme-François d'Avogadre, Seigneur du Mottoy, demeurant à la Motte, Election de Troyes.

Elizabeth d'Acolle, veuve de Louis d'Avogadre, Seigneur de Brion, et

Honoré d'Avogadre, sieur de la Motte, demeurant au Puits, Election de Bar-sur-Aube.

Echiqueté de gueules et d'or, coupé de gueules, à 3. faces ondées d'or.

30. ARNOULT, Orig. de Champagne.

François d'Arnoult, sieur de Salon, demeurant à l'Hermite, Election de Sezanne.

Anne le Gastelier, veuve de Lisander d'Arnoult, demeurant à Raday.

Alexandre d'Arnoult, Antoine et Alexis d'Arnoult.

Marie d'Arnoult, veuve de Louis de Brunetot, demeurant à Espernay.

D'Argent au Chevron de gueules, accompagné de 3. Cœurs de mesme.

31. ARGY, Orig. de Champagne.

Louis d'Argy, Seigneur de Villerzy, demeurant à Justines, Election de Reims.

Charles d'Argy, sieur de Marolles, demeurant à Tournes, et

Charles d'Argy le jeune, son frère, demeurant audit Tournes, Election de Reims.

D'argent au Lion de sable, armé et lampassé de gueules.

BEUVEAU, orig. d'Anjou.

Françoise d'Alaumont, veuve de Samuel de Beauvau, Seig. de Vatimont.

Jacques et Louis de Beauvau, Seig. d'Espense, y demeurant, Election de Chaalons.

Antoinette de Beauvau, veuve d'Henry de la Marche

des Comtes, Baron de l'Eschelle, demeurant à
Fontaine-Denis, Election de Sezanne.
Salomon de Beauvau, Seig. de Pothieres.
Marguerite Pasquet, veuve de Maximilian de Beau-
vau, Seig. de Bignipont, y demeurant, Election
de Chaalons.
Charles de Beauvau, Madelene et Antoinette, filles
Blanche Raulet, veuve de Pierre de Beauvau, Seig.
de Merigny.
Maximilian de Beauvau, Seigneur dudit Merigny,
demeurant à Villiers en Argogne, Election de
Chaalons.

*D'Argent à 4. Lionceaux cantonnez de gueules,
couronnez, armez et lampassez d'or.*

2. BOURNONVILLE, Orig. de Champagne.
Charles de Bournonville, sieur de la Loge, demeu-
rant à Logny.
Jean de Bournonville, aussi demeurant audit Logny.
Jacques Sr. de Chastillon sur Bar, y demeurant,
Election de Rethel.
Hierosme, sieur d'Oiselet, y demeurant, Election
de Bar-sur-Aube.
Suzanne, Nicolle, Marie, et Marguerite, demeuran-
tes à Bogny, Election de Rethel, qui ont fait
leur Genealogie separée de celle de
Fery, Seig. de S. Marceau, y demeurant.
Et Joachim de Bournonville, Sr. d'Avy y demeu-
rant, Election de Reims.

*De sable au Lion d'argent, la queuë fourchée et
passée en Sautoir, armé, lampassé et couronné d'or.*

3. BUTOR, Orig. de Bourgogne.
Jean de Butor, sieur de Montigny, demeurant à
Luzigny, Election de Troyes.

*D'Argent à 3. Coquilles de gueules, au franc-
quartier d'azur; Ecartelé d'or au Chevron de gueules,
accompagné de 3. Trefles de sinople, 2. et 1.*

4. DE LA BERQUERIE, Orig. de Normandie.

Marguerite, Magdelenne, et Claude de la Berquerie.

D'Azur, à 3. Estoiles d'or, 2. et 1.

5. **BEAUFORT,** Orig. d'Ardenne.

Henry de Beaufort, sieur de Launoy, demeurant
   à Ambly sur Aisne. Election de Rethel.
Didier de Beaufort, sieur de Maujoüy, demeurant
   à Givry, Election de Reims.
Jacques de Beaufort, sieur de la Loge, Vicomte
   du haut S. Remy.
Et Louis de Beaufort, sieur de Moivre, demeurant
   à haut S. Remy, Election de Reims.

D'Argent à 3. Bandes de gueules.

6. **BEAUFORT,** Orig. du Comté de Foix.

Menault de Beaufort, sieur de Launay, Doyen des
   Conseillers du Presidial de Chaalons.

*D'Azur, auFort d'argent, planté dans des ondes
de mesme.*

7. **BALEINE,** Orig. de Champagne.

Charles de Baleine, Seigneur de Suzemont, y demeurant, Election de Bar-sur-Aube.

*D'Argent au Lion de sable, lampassé et couronné
de gueules.*

8. **BALAYNE,** Orig. de Brie.

Arnault de Balayne Seigneur de Champaudos, et
   Claude son frère, sieur dudit lieu, y demeurans,
   Election de Sezanne.

D'Argent à la fasce crenelée de gueules.

9. **LE BEL,** Orig. de Champagne.

Barbe d'Y veuve d'Hierosme le Bel, Seig. de Sors,
   Conseiller au Presidial de Reims y demeurante.

*D'Argent à la fasce d'azur chargée de 3. Boucles
d'or, accompagnée en chef de deux Hures de Sanglier
de sable, deffenduës d'argent, et d'une Etoile en pointe.*

10. **BELANGER,** Orig. de Poitou.

Charles de Belanger Seig. de Blacy.

Louis de Belanger sieur dudit lieu et de Fontenay
y demeurant Election de Troyes.

Marie le Fevre, veuve de Philippes de Belanger
Seigneur de Torotte.

Jacques, Philippes, Marie, Elizabeth, Anne, Marie
de Belanger, ses enfans demeurans à Blacy, Elect.
de Vitry.

D'Azur au Chevron d'or.

11. **BOURGEOIS**, Orig. de Champagne.

Jean de Bourgeois, sieur de la Fosse, Garde du
Corps du Roy, demeurant à Ventelay Elect. de
Reims, qui a fait sa Genealogie séparée d'avec

Samuel de Bourgeois demeurant à Oye Election de
Sezanne, qui a aussi fait la sienne.

*D'Azur à la fasce d'argent, accompagnée en chef
d'un croissant et en pointe d'une Rose de mesme.*

12. **LA BRUYERE**, Orig. de Champagne.

Christophe de la Bruyere, Seigneur de Caumont,
demeurant à Belval Election d'Epernay.

François, Alexandre, Robert et Jean de la Bruyere
ses enfans, demeurans audit Belval.

*D'Azur au Lion d'or accompagné de 3. mouche-
tures d'Hermines, 2. et 1.*

13. **BARBIN**, Orig. de Brie.

Mathias Barbin, Baron de Broyes, y demeurant,
Election de Sezanne.

*D'Azur au chevron d'or accompagné de 2. Roses
d'argent en chef et d'un Lion d'or en pointe.*

14. **BRIE**, Orig. de Brie.

François de Brie, Seig. de Champrond, demeurant
à Montreüil Election de Sezanne.

D'Azur à 2. Haches adossées d'argent.

15. **BRUNE**, Orig. de Gastinois.

Henry de Brune Seig. de la Borde, demeurant à
l'Estang Claudin, Parroisse Montmort, Election
d'Epernay.

*D'Azur au Chevron d'or, accompagné en chef de
2. Etoilles, et en pointe d'une Hure de Sanglier de mesme.*

16. BEREY, Orig. d'Escosse.

Edme de Berey, Seig. de Vaudes, y demeurant,
  Elect. de Troyes.
Jean de Berey, demeurant au bas Villeneuve,
  Election de Troyes.
Charles de Berey leur frère, et
Jacqueline de Berey demeurant à Cussangy, Elect.
  de Bar-sur-Aube.

*D'Azur au Chevron d'argent, accompagné de trois
Molettes d'Esperon de mesme.*

17. BEFFROY, Orig. de Champagne.

Jean de Beffroy, Seig. de la Greve, demeurant à
  Olizy, Election de Reims.
Philippes Seig. de Sausseüil demeurant à Germont
  sur Bar, Election de Rethel.
Nicolle de Sandras, veuve de Pierre de Beffroy,
  Seig. de Novion, demeurante à Aubreüil Elect.
  de Reims.
Antoine Seig. de Coigny.
Jean laisné Seig. de Sausseüil.
Pierre et Jean le jeune.
Nicolas et Ferry de Beffroy, ses enfans.

*De sable au Lion d'argent, armé et lampassé de
gueules.*

18. BERMONDES, Orig. d'Espagne.

Helene Godet veuve de Louis de Bermondes, Seig.
  de Goncourt y demeurant, Election de Troyes,
  Charles et Helene de Bermondes ses enfans.
François de Bermondes, Seigneur d'Escrienne, y
  demeurant, Election de Vitry.

*D'or à la Croix trefflée de sinople, ecartelé d'or, au
Lion de gueules, sur le tout de gueules à 2. Pals d'or
chargés d'une fasce d'azur, surchargée de 3. Lozanges du
second.*

19. DE BLOIS, Orig. de Picardie.

François de Blois Seig. de la Sausotte Election
  de Troyes.   Et Louis son frère, et
Louis Sr. de la Cour y demeurant, Elect. de Troyes.

D'argent à 2. fasces de gueules chargée chacune de
3. Annelets d'or.

20. LE BLANC, Orig. de Champagne.
Estienne le Blanc, Seigneur de Cloix sur Marne,
  Lieutenant general de Vitry y demeurant.

D'or à l'Aigle esployé de sable, couppé d'azur.

21. LE BEGAT, Orig. de Bourgogne.
François le Begat, demeurant à Jasseyne Election
  de Bar sur-Aube.
Françoise d'Anneau, veuve de Charles le Begat,
  Seig. de Chalette, Election de Bar-sur-Aube.
Daniel, Charles, Marie et Margueritte le Begat ses
enfans demeurans audit Chalette.

De sable à la Croix engreslée d'argent, cantonnée
au 1. et 4. d'une Etoille de mesme.

22. BOUCHER, Orig. de France.
Charlotte Juliot de la Burye, veuve d'Antoine de
  Boucher Seig. du Plessis sous Barbaise, demeu-
  rant à Lusigny, Election de Troyes.
Paule, Antoine et Charles de Boucher ses enfans.
Charles de Boucher Seig. de Marcilly, demeurant
  à Chantemerle Election de Troyes.
Louis de Boucher, Seig. du Plessis sous Barbaise,
  demeurant à Paris.

De gueules, semé de Croisettes d'argent, au Lion
de mesme, armé et lampassé de sable.

23. BOUCHER, Orig. de France.
Estienne Jacques de Boucher, Georges et Michel
  de Boucher, Seig. de Palis y demeurans, Elect.
  de Troyes.

D'argent à 3. Ecrevisses de gueules.

24. BOUCHER, Orig. de Champagne.
René Boucher Seig. de Richebourg et de Mont-

laurent, demeurant à Chardeny, Election de
Rethel.

Jeanne de Cleves veuve de René Boucher Seig.
d'Avanson y demeurant, Election de Reims.

*D'azur à 3. Etoilles d'or, au croissant d'argent
posé en abysme.*

25. DU BELLAY, Orig. de Champagne.

Salomon du Bellay Seig. de Soissy au bois.
Louis du Bellay Seig. de Chevigny.

*D'argent à la Bande fuzelée de gueules, accompagnée
de 6. Fleurs de lis d'azur, 3. en chef posées, 2. et 1.
Et 3. en pointes mises en bande.*

26. BARADAT, Orig. de Navarre.

François de Baradat Seig. de Damery y demeurant, Election d'Epernay.

Gaspart Vicomte de Verneüil, y demeurant, mesme
Election.

*D'azur à la Face d'or, accompagnée de 3. Roses
d'argent, 2. et 1.*

27. BRAUX, Orig. de Champagne.

Nicolas Braux Seig. de Fasnière.
Pierre Braux sieur de S. Valery Esleu à Chaalons.
Jacques Braux sieur de Vitry la Ville en partie.
Et Nicolas Braux Seig. de Sorton, Tresorier de
France à Chaalons.

De gueules au Dragon aislé d'or.

28. BEAUREPAIRE, Orig. de Champagne.

Claude de Beaurepaire, Seig. de Coizard, y demeurant, Election de Chaalons.

Claude, Charles et François de Beaurepaire ses
enfans.

*D'azur à l'anneau chesonné d'or à la bordure
denchée de mesme.*

29. BRULART, Orig. de Bourgogne.

Louis Brulart, Marquis de Sillery, y demeurant, Election de Reims.

De gueules à la Bande d'or, chargée d'une traisnée de sable, accompagnée de cinq Barillets de mesme.

30. **BAZIN**, Orig. de Champagne.
Jean-Baptiste Bazin, Seig. de Bercenay, demeurant audit lieu, Election de Troyes.

D'azur à 3. Couronnes d'or.

31. **BOHIER**, Orig. d'Auvergne.
Estienne Bohier, Seigneur d'Orfeüil, demeurant à Troüan, Election de Troyes.

D'Or au Lion d'azur, au chef de gueules.

32. **BAUDIER**, Orig. de Champagne.
Antoine de Baudier, Seig. de Virginy, y demeurant, Election de Reims.

D'argent à 3. Testes de More de sable, tortillées du champ.

33. **BAILLET**, Orig. du Clermontois.
François Baillet, Seig. des Planches, y demeurant.
Claude Baillet, Seig. de Daucourt, y demeurant, Election de Chaalons.

D'argent à un Loup cervier au naturel, au chef d'azur, chargé de 2. Molettes d'or.

34. **BUDÉ**,
Estienne Budé et Estienne Budé son fils, Seigneur de la Motte St-Loup, demeurant audit lieu, Election de Troyes.

D'argent au chevron de gueules, accompagné de trois grappes de Raisin de pourpre, 2. et 1.

35. **BOUCHERAT**, Orig. de Champagne.
Charles le Boucherat, Seig. de la Rocatelle, y demeurant, Election de Troyes.
Jean le Boucherat, Seig. de Nogent, y demeurant.
Christophe le Boucherat, Seig. d'Athies, et de Pringy.

Sara, Jeanne, Marie, et Philippes le Boucherat.

D'Azur au Cocq d'or, cresté, becqué, et onglé de gueules.

36. **BALATHIER**, Orig. de Dauphiné.
Roger de Balathier, Seig. de Lantage.
Jacques de Balathier, Chevalier de Malthe.
Charles de Balathier, demeurant audit Lantage, Election de Bar-sur-Aube.
Et Antoine de Balathier, frères.

De sable à la Fasce d'or.

37. **BRETEL**, Orig. de Suisse.
Antoine de Bretel, Seig. de Valentigny y demeurant, Election de Bar-sur-Aube.

D'argent à 3. Merlettes de gueules 2. et 1. au Chef d'azur, chargé d'une Estoille d'or.

38. **BAUSSANCOUR**, Orig. de Champagne.
Louis de Baussancour, Seig. du petit Mesnil et Chaumesnil.
Jeanne de Rommecour veuve de François de Baussancour.
Guy, Bernard, Nicolle et François de Baussancour ses enfans.
Antoinette de Ballidart, veuve de Charles de Baussancour.
Marie Maillet, veuve de Pierre de Baussancour.
Gaspart de Baussancour, et Claude de Baussancour, filles, tous demeurans au petit Mesnil, El. de Bar-sur-Aube, lesquels ont fait leur Genealogie separée de celle de
Marie-Heudelot, veuve de Gabriel de Baussancour, sieur de Balignicourt, et René de Baussancour son fils.

D'argent au Lion de sable, la queüe fourchée passée en sautoir, chargée d'une Estoille d'or sur l'espaule senestre.

39. **BOUZONVILLE**, Orig. de Champagne.
Hugues de Bouzonville, sieur de Sery, et Anne

sa sœur, demeurans à la Romagne, El. de Reims.
D'azur à 3. bandes d'argent.

40. BETHOULAT, Orig. de Champagne.
Paul de Bethoulat, Sr d'Archy, demeurant à Beze,
Election de Langres, et Catherine sa sœur.

*De gueules au Lion d'or, surmonté de 3. Tours
d'argent.*

41. LA BARGE, Orig. de Champagne.
François de la Barge, Seig. de Vougrey, demeu-
rant à Lantages, Election de Bar-sur-Aube.
Et Jacob de la Barge, Seig. de Champeaux et de
Vandieres, y demeurant Election d'Espernay.
Jacob de la Barge, Seig. de Villé, demeurant à
Coizard, Election de Chaalons.

*D'argent à la bande de sable, accompagnée en chef
d'une Couronne de mesme.*

42. BALIDART, Orig. de Champagne.
Charles Marcel de Balidart Seigneur de Fligny, a
fait une Genealogie séparée de celle de
Guy de Balidart Seig. de Fligny.
Nicolas de Balidart Seig. de Fligny y demeurant,
Election de Bar-sur-Aube.
Et Joachim Balidart sieur de Doncourt, demeurant
à Vernonvilliers, Elect. dudit Bar-sur-Aube.

*D'argent à la fasce de Sinople, accompagnée de 7.
Merlettes de sable, 4. et 3.*

43. DU BOIS,
Jean du Bois, Seig. d'Escordal.
Et Charles du Bois, Seig. de Momby et dudit Escordal
y demeurant, El. de Rethel.

D'argent à 5. mouchetures d'Hermines posées, 3. et 2.

44. DU BOIS, Orig. de Gastinois.
Pierre du Bois sieur du Cognet, demeurant à
Seu, Election de Troyes.
Louise des Forges, veuve de Thibaut du Bois Sr.
de la Villate, demeurant à Queudes, Election
de Sezanne.

D'Azur au Lion d'or.

45. DU BOIS, Orig. de Bourgogne.

Denise Mariotte, veuve de Didier du Bois sieur de Corchamp, Election de Langres.

George, Jean, Anne, Marie, Gabriël et Claude du Bois ses enfans.

D'azur au Sautoir d'argent, à 3. Colombes d'or en fasce.

46. BATAILLE, Orig. de Champagne.

Jean de Bataille Seig. de Chaltray, demeurant à Vilvenart, Election de Chaalons.

D'azur à 3. fasces crenelées d'or.

47. BOUTILLAC, Orig. de Champagne.

François Abel de Boutillac sieur d'Arson, demeurant à Doux, Election de Rethel.

D'argent à 3. barillets de gueules, 2. et 1.

48. DU BOURG, Orig. d'Auvergne.

Charles du Bourg Seigneur de Blives y demeurant, Election de Troyes.

D'azur à 3. tiges d'Epines d'argent.

49. BRIDOT, Orig. de Champagne.

Barthelemy de Bridot Seig. de la Motte.

D'azur au Chevron d'or accompagné de 3. Estoilles de mesme, 2. et 1.

50. BELLOY, Orig. de Picardie.

Hercules, Comte de Belloy et de Montaguillon, Seig. de Villenauxe, Lieutenant General pour sa Majesté au Gouvernement de Champagne et Brie, demeurant audit Villenauxe, Election de Troyes.

D'argent à 3. fasces de gueules.

51. LE BOULEUR, Orig. de Perche.

Louis et Claude le Bouleur sieurs du Plessis et d'Avrecourt y demeurans, Elect. de Langres.

D'azur au Chevron d'or, accompagné de 3. Boulets d'or.

52. BERLES, Orig. de Champagne.

Nicolas et Claude de Berles, demeurant à Thie-
frain, Election de Bar-sur-Aube.

Et Antoine Seigneur de Maffrecourt y demeurant,
Election de Chaalons.

*D'azur au Sautoir d'or, accompagné de 4. Lion-
ceaux, armez et lampassez de gueules.*

53. BEAULIEU, Orig. de Champagne.

Jean de Beaulieu Seig. de la Jesse, demeurant à
Vaudron, Election de Bar-sur-Aube.

*D'azur à un Vol d'argent surmonté de 2. Estoilles
d'or.*

54. BOLOGNE, Orig. d'Italie.

Claude de Bologne Seig. de Bonnecourt, demeurant
à Nogent, Elect. de Langres.

D'or à 3. Tourteaux de gueules.

55. BERMAND, Orig. d'Alemagne.

Claude Louis de Bermand Seig. d'Uzemain.

François-Louis et Estienne Seigneurs de Mortault
y demeurans, Elect. de Chaumont.

Louise l'Aymé, veuve de Charles de Bermand.

*D'or à un Ours debout de sable, portant sur ses
pattes une Hache d'armes, le manche arrondy d'argent.*

56. BAUDA, Orig. de la Principauté de Sedan.

Esdras Bauda, demeurant à Chaumont S. Quentin,
Elect. de Rethel.

D'or à 3. bandes de gueules.

57. BRABANT, Orig. de Champagne.

Jacques de Brabant Seig. de Maraut demeurant
à Essey les Ponts, Elect. de Chaumont.

*De gueules à la bande d'or, chargée d'une teste de
More de sable, tortillée d'argent et accompagnée de 2.
huchets de mesme, enguichés d'or.*

58. BOHAN, Orig. d'Ardennes.

Louis de Bohan Comte de Nanteüil.

Robert de Bohan Vicomte du Bac, et

Charles de Bohan demeur. audit Bac Elect. de Reims.

De sable à la bande d'or cottoyée de 2. cottices de mesme.

59. BLONDEAU, Orig. de Picardie.

Jean de Blondeau, demeurant à Boureules, Elect. de Chaalons.

De sable à 3. Besans d'argent 2. et 1.

60. BONNILLE, Orig. de Bourbonnois.

Antoine de Bonnille Seig. de Bernon.

Jean son frere demeur. à Beaufort, Elect. de Troyes.

Caterine demeurant audit Beaufort.

Guy-Modeste de Bonnille Seig. de Bernon et Arrentieres y demeurant Elect. de Vitry.

D'azur au Chevron d'or, accompagné de 3. Etoilles de mesme, 2. et 1.

61. BEAUMONT, Orig. de Champagne.

Charles-Claude de Beaumont Seig. de S. Estienne, Vicomte de Chaumusy.

Et François son frere.

D'azur à l'Ecusson d'argent en abyme à la bande de gueule, brochant sur le tout.

62. BOUBERS, Orig. de Picardie.

Jacques de Boubers Seigneur de Rieux demeurant audit lieu Elect. de Sezanne.

Philippes sieur de Doucigny.

Et Martin Seig. d'Antilly demeur. à Charleville, susdite Election.

D'or à 3. Aigles de sable, becqués et membrés de gueules.

63. BEZANNES, Orig. de Champagne.

Philippes de Bezannes Seig. de Taissy y demeur., Elect. de Reims.

Et Anne de Bezannes.

D'azur semé de Bezans d'or au Lion d'argent.

64. BEAUVAIS, Orig. de Flandres.

Louis de Beauvais Seig. d'Autruche, y demeurant, Elect. de Rethel.

D'argent à 3. Pals de gueules.

65. BENAIST, Orig. de Touraine.

Antoinette de Benaist, veuve de Laurent de Bruslé, Seig. de la Fontaine, demeurant Elect. de Sezanne.

D'or à l'Aigle esployée de gueules.

66. BACHELIER, Orig. de Champagne.

Henry Bachelier, sieur du Moncel, Tresorier de France demeurant à Chaalons.

D'azur à la Croix dentelée d'or, cantonnée de 4. Paons roüans, affrontez d'argent.

67. BEAUJEU, Orig. de Champagne.

Antoine de Beaujeu, Seig. de Chambroncourt et d'Epizon, demeurant audit Chambroncourt, Elect. de Chaumont.

De gueules à 5. faces d'argent.

68. BUSSY D'OGNY, Orig. de Champagne.

Nicolas de Bussy, Seig. d'Ogny, y demeurant, Elect. de Reims.

D'Azur au Chevron d'or, accompagné de 3. Etoilles de mesme.

69. BAVRE, Orig. de Bourgogne.

Claude de Bavre, Seig. de Chargey, demeurant à Saquenay, Elect. de Langres. Et Barbe de Bavre, sa sœur.

Ecartelé d'argent au 1. et dernier à 3. Hermines de sable, au 2. et 3. à 3. faces de gueules.

70. BURTEL, Orig. de Champagne.

Claude de Roubion, veuve de Henry de Burtel, Sr. de la Lande, dem. à Chevilion, El. de Vitry.

D'Argent au Lion de sable, lampassé de gueules.

71. BERY, Orig. de Picardie.
Antoine de Bery, Seig. de Varigny, demeurant à
   Beaurepaire, Elect. de Reims.

*D'or à la Bande de sable, percée de trois Bastons
de mesme.*

72. BRISEUR, Orig. de Champagne.
Hector de Briseur Seig. des Pars, demeurant à
   Ville sur Terre, Elect. de Troyes.

*D'Azur à 2. testes de Bélier d'or en chef, et une
teste de More au naturel, en pointe, bandée d'argent.*

73. BERRUYER, Orig. de Touraine.
Charles de Berruyer Seig. de Bussy, demeurant à
   la Grand Cour Elect. de Troyes.

D'azur à 3. Pots ou Couppes d'or couvertes.

74. BOY, Annobly,
Jean Boy sieur du Fresne demeurant à Locy, El.
   de Rethel.

*D'azur à 2. Espées d'argent en sautoir, les pointes
en haut, accompagnées d'une rose d'argent en chef, et
d'un croissant en pointe de mesme.*

75. BECU, Orig. de Champagne.
Marie le Lieur veuve de Louis de Becu Seig. de
   Flaucourt.
Et Claude, Nicolle, Marguerite, Françoise et Hen-
   riette ses enfants.
Claude de Becu Seig. de Flaucourt.

D'argent à 3. Corbeaux de sable.

76. BRIQUEMAULT, Orig. de Gastinois.
Elisabeth de la Marche des Comte, veuve de Jacques
   de Briquemault sieur de Premartin demeurant à
   S. Loup, Elect. de Rethel.
Henry et Marius de Briquemault.

*De gueules à 3. Faces d'or, chargées d'une bande
d'Hermines, brochant sur le tout.*

77. BEZRIAUX, Orig. de Touraine.

François Berziaux, sieur de Moulins, Prieur de Montfélix.

Et Scipion de Berziaux Seigneur dudit Moulins y demeurant Elect. d'Epernay.

D'azur à 3. Trefles d'or.

CHOISEUL, Orig. de Champagne.

Cleriadus de Choiseul baron de Lanques et de la Ferté y demeurant, Elect. de Langres.

Marie de Billy, veuve de Charles de Choiseul baron d'Ambonville.

Alexandre son fils, baron dudit Ambonville.

Charles, François, Pierre, Claude-Bernard et Louis de Choiseul d'Ambonville, y demeurant Elect. de Bar-sur-Aube.

Louis de Choiseul, baron de Beaupré, y demeur. Elect. de Chaumont.

Jacques-François de Choiseul, Marquis de Beaupré, Seig. d'Aillancourt, y demeurant, Election de Chaumont.

Claude de Choiseul Francieres Comte de Choiseul, Gouverneur de Langres y demeurant, et

François de Choiseul, Marquis de Praslin, Lieutenant General pour sa Majesté au Gouvernement de Champagne, demeurant audit Praslin, Election de Troyes.

D'Azur à la Croix d'or, cantonnée de 18. Billettes de mesme.

2. CONFLANS, Orig. de Champagne.

Christophe de Conflans, Seig. de Bouleuze, y demeurant Elect. de Reims.

Et Eustache de Conflans, son fils.

D'Azur semé de Billettes, d'or, au Lion de mesme.

3. CLERMONT, Orig. d'Anjou.

Louis de Clermont d'Amboise, Marquis de Reynel,
Gouverneur de Chaumont.

François de Clermont d'Amboise, Comte dudit lieu,
abbé de S. Clement de Metz.

Louis de Clermont d'Amboise, Marquis de Reynel,

Et Juste de Clermont d'Amboise, demeurans audit Reynel, Elect. de Chaumont.

D'Azur à 3. Chevrons, le premier brisé d'or.

4. COLIGNY, Orig. de Bourgogne.

Joachim de Coligny, Marquis de Crecia, demeurant à Damery, Elect. d'Espernay.

*De gueules à l'Aigle d'argent, membrée, becquée, et
couronnée d'azur.*

5. DES CHAMPS, Orig. de Champagne.

Louis des Champs, Marquis de Marcilly, Lieutenant General des Armées du Roy.

Armand des Champs, Vicomte de Marcilly, Capi-
taine du Chasteau de Madrid, et Varene du
Louvre.

Antoine, Chevalier de Malthe.

Marie des Champs de Marcilly, demeurans audit
Marcilly, Elect. de Sezanne.

*D'Or à 3. Chevrons de sable, accompagnés de 3.
Annelets de mesme.*

6. CHAUMONT, Orig. de Vexin.

Hugues de Chaumont, sieur de Villeneuve, Elect.
de Sezanne.

Louis de Chaumont, sieur de S. Cheron, y demeurant, Elect. de Vitry.

D'Azur à 4. faces de gueules.

7. DE CHAT, Orig. de Soulogne.

François le Chat, Seig. des Pavillons; et

Pierre le Chat son fils, demeurans à Sumermont,
Election de Vitry.

*D'argent à 3. faces de gueules, à l'Orle de sept
Merlettes de sable.*

8. CHOISY, Orig. de Champagne.

Charles de Choisy, Seig. de Thieblemont; et
Claude, Seig. dudit lieu, y demeurans, Elect. de
Vitry.

D'azur au Chef emmanché d'or.

9. LE CORDELIER, Orig. d'Artois.

Jacques le Cordelier, Seigneur de Chenevieres et
Verneüil, y demeurant Elect. d'Espernay.

D'azur à 2. Gerbes d'or au franc quartier d'ar-
gent, chargé d'un Lion de sable.

10. CUGNON, Orig. de Champagne.

Philippes de Cugnon, sieur de S. Benoist, dem.
Elect. de Chaalons.
Et Claude de Cugnon, Sr. dudit S. Benoist, El.
de Rethel.

De sable à 3. Estriers d'argent, 2. et 1.

11. COURTOIS, Orig. de Bourgogne.

Oudart le Courtois, Seig. de Blegnicourt.
Pierre le Courtois.
Et Josias le Courtois, Seig. de la Forest, demeu-
rant à Troyes.

D'azur à 3. Meures d'or, 2. et 1.

12. COLIGNON, Orig. de Champagne.

Marguerite Berlin, veuve de Philippes de Coli-
gnon, Seig. de la Grand Cour.
Charles de Colignon, Seig. de Blignicourt.
Samuel, Daniel et Marie de Colignon.

D'Or au Lion naissant de sable, lampassé de gueules,
coupé de gueules au dextrochere, habillé d'azur mourant
la senestre, la Main de carnation tenant un Foudre
de sable, à dextre d'un Trefle de mesme.

13. COCHET, Orig. de Picardie.

Eleonore de Blois, veuve de Charles de Cochet, Seig. de Marchelles, demeurant à S. Ferjeul, Elect. de Troyes.

De gueules au Chevron d'argent, chargé de 5. mouchetures d'Hermines, accompagné en chef de 2. Molettes à huit rais d'or, et en pointe d'une Hure de Sanglier de sable, deffenduë d'argent, surmontée d'une Molette à huit rais d'or.

14. COLET, Orig. de Champagne.
Vincent Colet, Seig. de la Marre, demeurant à Donchery, Elect. de Reims.
Noel, Seig. de Morinville, et
Pierre Colet, Seig. de Longchamp.

D'azur à la bande d'argent chargée de 3. Etoilles de gueules.

15. CONDÉ, Orig. de Champagne.
Charles de Condé, Seig. de Coëmy, y demeurant Elect. de Reims.
Et Claude sieur de Virginy.

D'Or à 3. Manches, mal taillés, de gueules.

16. CASTRES, Orig. d'Albigeois.
Gerard de Castres, Vicomte de Barbonval, demeur. à Bethinville, Elect. de Reims.
Charles de Castres, sieur de Vaux.
Simon de Castres.
Jean de Castres, Seig. de la Chaussée.
Et Claude de Castres, tous demeurans à Vaux, Elect. de Reims.

D'azur à 3. Etoilles d'argent posées en fasce, surmontées d'un croissant de mesme.

17. CHARTOGNE, Orig. de Champagne.
Jean de Chartogne, Vicomte de Pernan, demeur. à Montigny, Elect. de Rethel.
Claude, Seig. de la Folie, et Bretoncourt.
Jean-François, Seig. de Tourteron, demeurant à la

Folie, qui ont fait une Geneal. séparée de celle de
Philippes-François de Chartogne, Seig. de Neufvisy.
Christophe-Antoine de Chartogne.
Charles-Jean, et Tristan-Louis, demeurans à Vieil
    S. Remy, Elect. de Rethel.
François, Seig. de Vauzelles et Magneux, y de-
    meurant Elect. de Reims.

    De gueules à 5. Anneaux posez en sautoir d'or.

18. CHAMPAGNE, Orig. de Champagne.
Claude de Champagne Seig. de Morsains.
Fiacre de Champagne Seig. de Lechelle et Lunay.
Et Henry son frere, demeurant à la Foretiere El.
    de Troyes.

    *D'azur à la bande d'argent, cottoyée de 2. cottices
potencées et contrepotencées d'or de 13. pieces.*

19. CHANTELOU, Orig. de Champagne.
Elisabeth de Budé veuve de François de Chante-
    lou Seig. de Coupigny.
Charles et Louis de Chantelou, Seig. dudit Cou-
    pigny y demeurant Elect. d'Epernay.

    *D'or au Loup de sable, accompagné de 3. Tour-
teaux de gueules.*

20. COMITIN, Orig. de Siracuse.
Charles de Comitin Seig. de la Motte prez Eclaron.
Jean de Comitin Seig. de sainte Liviere y demeur.
    Elect. de Vitry.
Claude de Comitin Seig. de l'Isle en Rigaut.
Louis, Marie, et Madeleine, René Sr. d'Angleber,
    et Nicolle veuve de Corberon de Lacquevivier,
    demeurant au grandes Costes.

    *D'argent à 6. Teux au naturel, posés en fasce 2.
2. 2.*

21. LE CERF, Orig. de Champagne.
Nicolas le Cerf sieur de Prosne, qui a fait sa Geneal.
    séparée de celle de
Jean le Cerf Seig. de Cramant, demeurant à Cuy

Elect. d'Epernay, qui a fait encore une Geneal.
séparée de celle de

Jean le Cerf sieur de Cramant et d'Atye.

*D'azur au chevron d'or, accompagné de 3. Estoilles
de mesme.*

22. CHAMPIGNY, Orig. de Champagne.

Antoine de Champigny Seig. de Balignicourt, demeurant à Humbigny, Elect. de Bar-sur-Aube.

*D'azur à la croix d'argent cantonnée au 1. canton
d'un croissant de mesme.*

23. LA CHEVARDIERE, Orig. de Champagne.

Marie le Cerf veuve de Hugues de la Chevardiere
Seig. de Jumont.

Et Jean de la Chevardiere Sr. dudit lieu de Jumont.

Louis demeurant à Roquigny, Elect. de Reims.

Jean, sieur de la Grange aux bois.

Et François, sieur de la Motte.

D'argent à un brin de Fougere de sinople.

24. CORDON, Orig. de Bretagne.

Joseph de Cordon Seig. de Montguyon.

Nicolas, Daniel, Henry de Cordon, demeurant à
Veuxaulles, Elect. de Langres.

Et Serené de Cordon, sieur de la Chaumiere.

D'Hermines à 2. fasces de gueules.

25. CULANT, Orig. de Brye.

Louis de Culant Seig. de la Brosse et Courgivault
demeurant à la Montagne, Elect. de Sezanne.

*D'argent semé de Tourteaux de sable, au sautoir
engreslé de gueules.*

30. CHERTEMPS, Orig. de Champagne.

Pierre Chertemps sieur du Mousset, Tresorier de
France.

Philippes Chertemps.

Marie Goujon, veuve de René Chertemps, vivant
Seig. de Bergere et Vaux.
Charles son fils, tous demeurans à Reims.

D'azur à la fasce d'or accompagnée en chef de 3.
Estoilles, et en pointe d'un croissant de mesme.

31. CONSTANT, Orig. d'Auvergne.

Jean et Salomon de Constant Seig. de Trieres et
Froid-Fossé, y demeurans Elect. de Reims.

De gueules à 3. fasces d'or, au chef de mesme, chargé
de 3. bandes de gueules.

32. CHAVAGNAC, Orig. d'Auvergne.

Charlotte de la Marche des Comtes, veuve de
Louis de Chavagnac Seig. de Tortespée, Antoine
de Chavagnac son fils.

D'argent à 2. fasces de sable, au chef d'azur chargé
de 3. Roses d'or.

33. CAHIER, Orig. d'Anjou.

Edme de Cahier, Seig. de Frampas, y demeur.
Elect. de Vitry.

D'argent à la fasce de gueules chargée d'un Crois-
sant d'or, accompagnée en chef de 3. fusées de sable, et
en pointe, d'un Lion leopardé de mesme, lampassé de
gueules.

34. CAUMONT, Orig. de Champagne.

Charles-François de Caumont, Seig. de Mutry,
demeurant à Fontaine, Elect. d'Epernay.
Antoine de Caumont, Seig. de Sauseüil.
Jacques de Caumont, Seig. d'Aire.
Marie de la Riviere, veuve de Valentin de Cau-
mont.
Jean de Caumont, sieur de Neufmaison.

D'azur à une Rouë d'or.

35. CAUCHON, Orig. de Champagne.

François Cauchon, Comte de Lery, y demeurant
Elect. de Reims.
Charles Cauchon, baron de Tiernut.

Jean-Charles, Seig. de Sommievre, y demeurant, Elect. de Chaalons.

Charles Cauchon, baron de Neuflise.

Madeleine de Paris, veuve de Louis Cauchon, Vicomte d'Unchere.

Jacques, Henry, et Antoine Cauchon, ses enfans.

Et François, Chevalier de Malthe.

> *De gueules au Griphon d'or, aislé d'argent.*

36. CHASTENAY, Orig. de Champagne.

Nicolas de Chastenay, Seig. de Bricon, y demeur. Elect. de Bar-sur-Aube.

> *D'argent au Cocq de sinople, couronné, cresté, becqué, barbé et membré de gueules.*

37. CUSSIGNY, Orig. de Bourgogne.

Philbert-François de Cussigny, Seig. de Rivieres les Fosses, y demeurant, Elect. de Langres.

> *De gueules à la fasce d'argent, chargée de 3. Ecussonsd'azur.*

38. CONTET, Orig. de Champagne.

Louis de Contet, Seig. d'Aunay sur Marne y demeurant, Elect. de Chaalons.

> *D'azur à 3. Moulinets d'argent.*

39. COKBORNE, Orig. d'Escosse.

Edme-Eleonor de Cokborne, baron de Villeneufve y demeurant.

> *D'azur à 3. Cocqs de gueules, 2. et 1.*

40. COIFFART, Orig. de Champagne.

Louis Coiffart, Seig. de Marcilly le Hayer.

Charles Coiffart, Seig. du Mesnil et Marcilly, y demeurant, Elect. de Troyes.

> *De gueules à 3. Coiffes ardentes d'or.*

41. COTHONNIER, Orig. de Normandie.

Michel le Cothonnier, sieur de la Ruë,

Nicolas le Cothonnier, sieur de Lonpré, demeur. à Poix, Elect. de Chaalons.

D'argent à la Croix de gueules, chargée de cinq Coquilles d'or.

42. CHALLEMAISON, Orig. de Champagne.
Claude de Challemaison, Seig. de Bois - Bazin, y demeurant.
Elisabeth de Soissons, veuve de Savinien de Challemaison, Seig. de Chalautre la grande, y demeur. Elect. de Troyes.

D'argent à la fasce d'azur, chargée d'une rose d'or, accossée de 2. Mollettes de mesme.

43. CHINOIR, Orig. de Champagne.
David Chinoir, Vicomte de Chambrecy, y demeur. Election de Reims.

De sable au Chevron d'argent, accompagné de trois Levriers naissans de mesme, accollés de sable.

44. CHANDON, Orig. de Lionnois.
Claude-Geoffroy de Chandon Brialles, Seigneur de Lanques, y demeurant, Elect. de Chaumont.

D'argent à la fasce de gueules, accompagnée de 3. Trefles de sable.

45. LA CROIX, Orig. de Languedoc.
Claude de la Croix, Vicomte de Semoine; et
François son frere, demeurans aux Boulins, El. de Troyes.

D'azur à la Croix d'or, chargée d'un Croissant de gueules.

46. CHAMISSOT, Orig. de Lorraine.
Elisabeth d'Y, veuve de Jean de Chamissot, Seig. de Sivry, et
Robert de Chamissot, son fils, Seig. dudit lieu y demeurant, Elect. de Chaalons.

D'argent à 5. Trefles posées en Sautoir de sable, au chef, et deux mains dextre et senestre renversées de mesme, posées en pointe.

47. **DES COLINES**, Orig. de Champagne.

Claude des Colines, sieur de Pocancy y demeur.
  Elect. de Chaalons.

François des Colines, demeurant à Bisseüil, El.
  d'Espernay.

D'azur au Lion d'or.

48. **CUISSOTTE**, Orig. de Champagne.

Nicolas de Cuissotte, Seig. de Gizaucourt, Conseiller d'Estat ordinaire.

*D'Or à la bande d'azur, chargée de 3. allairions
d'argent; Ecartelé de gueules, à l'Aigle d'or, sur le tout
d'azur au Chevron d'argent, accompagné de 3. Bezans
d'or.*

49. **COUSSY**, Orig. d'Artois.

Pierre de Coussy, sieur d'Ogny.

Nicolas de Coussy, sieur de Louvrigny.

François et Antoine demeur. à Tours sur Marne, et .

Pierre de Coussy, sieur de Velie, demeurant à
  Bisseüil, Elect. d'Espernay.

*D'argent bordé de gueules, et un rebord de sable,
6. Hermines de mesme, 3. en chef, 2. et 1.*

50. **DES CHAMPS**, Orig. de Champagne.

Jean des Champs, sieur de Riel-dessus, demeur.
  à Charmoy, Elect. de Bar-sur-Aube.

D'azur à 3. Chardons d'or.

51. **CARENDEFFEZ**, Orig. de Champagne.

Jean-Baptiste de Carendeffez, sieur de Chaudenay
  y demeurant, Elect. de Langres.

*D'azur à 6. Besans d'argent, posez 3. en chef, 2.
en fasce, et 1. en pointe.*

DAMAS, Orig. de Bourgogne.

Claude-Leonor Damas Thianges, Comte de Chalan-
  cey, y demeurant, Elect. de Langres.

D'or à la Croix anchrée de gueules.

2. DANOIS, Orig. de Champagne.

François Danois, Seig. de Geoffreville, y demeur.
   Elect. de Reims.
Philbert Danois, son fils; et
Jean-Philippes Danois, Baron de Cernay.

D'azur à la Croix d'argent, les extremitez fleur-delizées d'or.

3. DENIS, Orig. de Thierache.

François, Jean, Germain, Louis Denis, Seig. de
   Pargny, Margueritte-Louise, Marie et Elisabeth
   Denis.

D'Or à la fasce de gueules.

4. DENIS, Orig. de Bourgogne.

Louis Denis, Seig. de Chasteau-bruslé, demeurant
   Elect. de Bar-sur-Aube.

De gueules à l'Aigle esployé d'argent.

5. DAMPIERRE, Orig. de Champagne.

François de Dampierre, sieur de Lurey, Elect. de
   Troyes.

*D'Or au Chevron de gueules, chargé de 3. Estoilles
d'argent, accompagné de 3. Croissans de gueules.*

6. DOUCET, Orig. de Picardie.

Jean Doucet, Seigneur de Toulmont, demeurant à
   Soirus, Elect. de Reims; et
Thimoleon Doucet, demeurant à Vezilly.
Marie, Madelene et Louise Doucet.

*De gueules à une teste de Belier d'or; Ecartelé de
losange d'argent, et de sable.*

7. DIDIER, Orig. de Champagne.

Paul Didier, Seig. de Boncourt, demeurant aux
   Termes, Parroisse de Sauville, Elect. de Rethel.

De gueules à une Bande d'argent.

8. DALLE, Orig. de Champagne.

Charles de Dalle, Seig. de Ballay, y demeurant, Elect. de Rethel.

Bandé d'or, et de gueules de 8. pieces; coupé de gueules à 3. membres à Aigles d'or.

9. DEDUIT, Orig. de Champagne.

François Deduit, sieur de Champguion, y demeur. Elect. de Sezanne.

D'argent, à une Merlette de sable; Ecartelé de gueules, à une Estoille d'argent.

10. DAMOISEAU, Orig. de Champagne.

Simon Damoiseau sieur de Menemont demeurant aux Granges Pombelin, Elect. de Bar-sur-Aube.

D'azur à l'Aigle éployé, becqué et membré de gueules.

11. DROUART, Orig. de Champagne.

Daniel Droüart, Seig. de Vandieres y demeurant, Elect. d'Epernay.

De gueules à 3. membres de Griffon d'or au chef de mesme.

12. DAUY, Orig. de Normandie.

Pierre Dauy, Seig. de la Pailleterie, Charles Dauy son frere, et Caterine sa sœur.

D'azur à 3. Aigles d'or soustenans un Anneau d'argent.

13. DAINVILLE, Orig. de Champagne.

François Dainville, Seig. de Guignecour et Lamecour, Marie-Anne et Guillemette.

D'argent à 3. larmes de sable, 2. et 1. à la bande de gueules, chargée de 3. Aiglons d'or.

14. DENISE, Orig. de Champagne.

Marie de Menant, veuve de Claude Denise dem. à Troyes.

Pierre, Odette, Marguerite et Claude Denise ses enfans.

Et Nicolas Denise.

D'azur à 3. Compas d'argent à l'Engreslure d'or.

ESTAING, Orig. de Roüergue.
Joachim Comte d'Estaing, demeurant à Scepoix,
Elect. de Bar-sur-Aube.

De France au chef d'or.

2. ESCAMIN, Orig. de l'Isle de France.
Denis d'Escamin, sieur de Boissy.

*D'azur à 3. cors d'or, embouchez, virolez et en-
guichez d'argent.*

3. ESTIVAUX, Orig. de Champagne.
Absalon d'Estivaux, Seig. de Montgon, demeurant
audit lieu, Elect. de Reims, et Marie d'Estivaux
veuve de Claude de Poüilly.

*De gueules à un Tronc d'arbre d'or, surmonté d'un
Merlette de mesme.*

4. ERNECOURT. Orig. de Barrois.
Emelie-Caterine Aubery, veuve de Simon d'Ernecourt baron de Montreüil.
Et Louis d'Ernecourt son fils, demeurans à la Neuville aux Bois, Elect. de Chaalons.

*D'azur à 3. Pals abaissez d'argent, surmontez de
3. estoilles d'or.*

5. ESCANNEVELLE, Orig. de Champagne.
Jean d'Escannevelle, Seig. de Coucy y demeurant
Elect. de Rethel, qui a fait sa Genealogie sé-
parée de celle de
Louis d'Escannevelle et Maximilian son frere, qui
ont encore fait leur Genealogie séparée de celle de
Simon Jacques d'Escannevelle, sieur de Quilly.
Thiery d'Escannevelle, sieur de Macheraumesnil.
Jacques, sieur de Berlize.
Jacques, Seig. de Semide.
Et Adrien, Seig. de Marquigny.

D'argent, à six Coquilles de gueules, posées 3.
2. et 1.

6. ESCANNEVELLE, Orig. de Champagne.

Charles d'Escannevelle, sieur de Rocan, y demeurant, Elect. de Rethel.

Robert d'Escannevelle sieur de S. Pierre.

Helene de la Riviere veuve de François d'Escannevelle sieur de Vincy demeurant à S. Morel.

Valentin, Louis et Margueritte ses enfans.

De sable à 3. Croissans d'argent posez 2. et 1., surmontez de 3. Billettes de mesme.

7. ESPINOY, Orig. de Flandre.

René d'Espinoy sieur de Lonny y demeurant, El. de Reims.

Jacques d'Espinoy, Vicomte de Coole.

François, Seig. d'Estremont.

Cesar, sieur de Coole, Antoine, Prieur de Cazal.

Jacques-François, sieur de Songy.

Louis, Chevalier de Malthe, enfans dudit Jacques.

D'azur à 3. Besans d'or en bande.

8. D'ELTOUF, Orig. de Naples.

François - Alexandre d'Eltouf de Pradines, Baron de Conflans, Seig. de Jussancour, Election de Reims.

Ecartelé d'argent et de sable, à la bordure engreslée de gueules, sur le tout d'or à 2. Chevrons de sable, au lambel de 3. pendants de gueules.

9. D'ESAIVELLES, Orig. de Champagne

Jean d'Esaivelles, Seig. de la Cour de Terrier, y demeurant, Elect. de Reims.

Regnault et Philbert sieurs d'Inaumont, demeurans à Jonval, Elect. de Rethel.

Et Philippes, Seig. de Montgon.

D'argent au sautoir de gueules, accompagné de 4. Merlettes de sable.

10. ESTRAC, Orig. de Guyenne.

Jean d'Estrac, sieur de Ligny, demeurant à Es-
soye, Elect. de Bar-sur-Aube.
Charles et Gabrielle, ses neveux et niece.

Escartellé d'or et de gueules.

11. ESTOQUOIS, Orig. de Champagne.
Thomas d'Estoquois, sieur de Lonchamp.

*D'azur à 3. bandes d'or, au chef de mesme, chargé
d'un Lion naissant d'azur.*

12. D'ESSAUX, Orig. de Champagne.
Nicolas d'Essaux, Seig. de Balay, demeurant à
Urizy, Elect. de Rethel.
Jean et Gobert d'Essaux.

*D'azur au Chevron d'or, accompagné en chef de 2.
Levriers, affrontez d'argent, accolez de sable, et en pointe
d'un autre Levrier de mesme.*

FOUGERE, Orig. de Provence.
Philippes-Cesar de Fougere, Seig, d'Oré y dem.,
Elect. de Reims.

*De gueules au Chevron d'argent, accompagné en
pointe d'un brin de Fougère d'or.*

2. FAILLY, Orig. de Lorraine.
Jean de Failly, Seig. de Sausseüil, y demeurant,
Elect. de Rethel.
Robert de Failly, Seig. de Bogny, y demeurant,
Elect. de Reims.
Charles, Seig. de Chenery, y demeurant, mesme
Election.
Antoine, Seig. de Vrizy, demeurant à Sommaisne,
Elect. de Chaalons.
Louis, sieur dudit Failly, demeurant audit Bogny.
Pierre, Seig. de Domely, y demeur. Elect. de Reims.
Jeannes de Serpes, veuve de Jean de Failly, de-
meurant à Sandigny, mesme Election.

Joachim, Seig. du Mesnil Fouchart, y demeurant Elect. de Bar-sur-Aube.

Fery, Seig. de Combles, Garde du Corps du Roy.

Antoine de Failly, Seig. d'Havy.

Antoine, Seig. de Begny, demeurant au Bosmoir, Elect. de Reims.

Philippes de Failly, demeurant à Begny.

Pierre, Edmond, Charles, Estienne, Augustin et Claude de Failly, Seig. de Vaux, demeurans à Rubigny, Elect. de Reims.

De gueules à la fasce d'argent, accompagnée dé 3. Haches d'Armes de mesme.

3. FERET, Orig. de Champagne.

Philippes Feret, sieur de Montlaurent.

Nicolas Feret, Seig. de Mezières sur Oise, dem. à Selles, Elect. de Rethel.

Lambert Feret, Seigneur d'Alincourt, y demeurant, mesme Elect.

Et Regnault Feret, sieur Brienne, y demeurant, mesme Elect.

D'argent à 3. fasces de sable.

4. FERMONT, Orig. de Champagne.

Jean de Fermont, Seig. de S. Morel, y demeur. Elect. de Rethel.

De gueules à 3. Tours d'or, à la bordure de sable.

5. FLAVIGNY, Orig. de Picardie.

Christine Marie de Berule, veuve de Jean - Charles de Flavigny, Baron d'Aubilly, y demeurant, El. de Reims.

Et Cesar-Charles-François, son fils.

Echiqueté d'or et d'azur.

6. LA FOLYE, Orig. de Champagne.

Anguerran de la Folye, Seig. de Charmes, y demeurant, Elect. de Reims.

D'azur à 3. Roseaux d'or rangés en pal, chargés d'une Merlette de sable.

7. **FRESNEAU**, Orig. de Champagne.
Robert du Fresneau, Seig. du Bois de l'Or, dem.
à la Grange aux Bois, Elect. de Reims.

D'azur à la fasce d'argent, chargée d'un Lion léopardé de sable, armé et lampassé d'or, et accompagnée de six Ecussons d'argent, 3. en chef, et 3. en pointe, posez 2. et 1.

8. **FAY D'ATHYES**, Orig. de Picardie.
Charlotte de Pavant, veuve de Louis de Fay, Seig.
de Bray.
Charles-Louis de Fay, Seig. de Bray et Belleville; Philippes, Joseph, Claude, Roberte et Elisabeth de Fay d'Athyes, demeurans à Belleville Elect. de Reims.

D'argent semé de Fleurs de lys de sable.

9. **FELIGNY**, Orig. de Champagne.
Antoine de Feligny, Seig. de S. Liebault, dem. à
Chaumesnil, Elect. de Bar-sur-Aube.
Et Margueritte Croisette, veuve d'Antoine de Feligny, Seig. de Villabon, demeurant à Dommartin.

D'Or à la Croix anchrée de sable, chargée de 5. Ecussons d'argent.

10. **FOUQUET**, Orig. de Champagne.
Roland-Jacques de Fouquet, sieur de Richecourt,
demeurant à Tramery, Elect. de Reims.

D'azur à 2. Estoilles d'or en chef, et un Croissant d'argent en pointe.

11. **FLORINIER**, Orig. de Champagne.
Estienne de Florinier, Seig. des Mottes et Marais,
demeurant à Doulevant, Elect. de Vitry.

De sable à 3. Roses d'argent, l'une sur l'autre, au pal de gueules, brochant sur le tout.

12. **LE FEVRE**, Orig. de Champagne.
Abraham le Fevre de Cormont, Seig. de Nuisement,
demeurant aux Essarts, Elect. de Sezanne, qui
a fait une Genealogie séparée de celle de

Antoine le Fevre, sieur des Bordes, y demeurant, mesme Election.

Marie, Rachelle, Theodore, Sophie, Suzanne et Analbertine le Fevre, ses sœurs.

D'azur à 3. Croix pattées d'or.

13. LE FEBVRE, Orig. de Champagne.

Jacques le Febvre, Seig. de la Planche, Lieutenant general à Troyes.

Jean le Febvre, Seig. de Montgaon.

Christophe le Febvre, Seig. des Chevaliers, Lieutenant criminel à Troyes; et

Denise le Febvre, leur sœur;

Nicolas le Febvre, M^e des Eaux et Forests audit Troyes.

D'azur à 3. Pals d'or, celuy du milieu chargé de 3. Roses de gueules.

14. FUST, Orig. de Champagne.

Antoine de Fust, Seig. de Montboust, y demeur. Elect. de Sezanne.

Party et coupé le premier de gueules, au Lion d'argent couronné d'or, le 2. d'or, à un Cœur enflammé de gueules, soustenu de gueules au Cœur d'or.

15. LA FITTE, Orig. de Guyenne.

Pierre de la Fitte-Pellaport, Seig. de Goussaincourt; et

Abraham de la Fitte-Pellaport, son neveu, dem. audit Goussaincourt, Elect. de Chaumont.

D'azur au Lion couronné d'argent, armé et lampassé de gueules, à la bordure d'or, chargée d'onze Merlettes affrontées de sable.

16. FOURAULT, Orig. de Clermont en Lorraine.

Claude Fourault, Seig. de Paroy et de Berzieux, y demeurant Elect. de Reims.

Charles de Fourault, Seig. du Chastelet, demeur. à Bellair, Elect. de Chaalons.

D'argent à 2. Bandes d'azur, engreslées de gueules.

17. LA FONTAINE, Orig. de Champagne,
Barbe de Bohan, veuve de Charles de la Fontaine,
sieur de Neuvisy.

Roch de la Fontaine, Lucie, Louise et Marie, demeurans audit Neuvisy, Elect. de Reims.

> De gueules à la Fasce d'or, au lambel de 3. pen-
> dants d'argent.

18. DE FEUGRÉ, Orig. de France.
Charles de Feugré, sieur de Montainville, dem.
à Cheppes, Elect. de Vitry.

> D'or à la Bande d'azur, chargée de 3. Fleurs de
> lys d'or, et accompagnée de 2. Lions de gueules, armez
> et lampassez d'azur.

19. FILLETTE, Orig. de Champagne.
Nicolas Fillette, Seigneur de Ludes y demeurant,
Elect. de Reims.

> D'azur à la Bande d'or, chargée de 3. Trefles de
> gueules, et accompagnée de 4. Estoilles d'or, 3. en chef
> et 1. en pointe.

20. DE FRESNE, Orig. d'Artois.
Jean-Louis de Fresne, Seig. de la Tour Chevillon,
y demeurant, Elect. de Vitry.

> D'argent au Lion de sable, à la bordure componée
> de mesme.

21. DE FRANCE, Orig. d'Artois.
Simon de France, sieur de la Montagne, demeurant à Broüillet, Elect. de Reims.

Michel, Alexandre, Charles, Pierre, Louis, et Antoine de France.

> Fascé d'argent et d'azur, chargé de 6. Fleurs de
> lys de gueules, 3. 2. et 1.

22. DES FORGES, Orig. de Lorraine.
Henry des Forges, sieur de la Motte de Courti-
zolt, y demeurant, Elect. de Chaalons; et

Jean-Charles des Forges, Seig. de Germinon, demeurant à Chaalons.

D'azur, au Chevron d'argent, chargé de 5. Croix fleuronnées, au pied fiché de sable, accompagné de trois Massacres de Cerf d'or.

GRANGE (LA), Orig. de Berry.

Charles de la Grange, Seig. de Villedonné, dem. à Courcelles, Elect. de Vitry.

D'azur à 3. Ranchées d'or, 2. et 1.

2. **LA GRANGE**, Orig. de Valois.

Charles et Acham-Louis de la Grange-Billemont, demeurans à Courlandon, Elect. de Reims.

Lozangé d'or et de sable, au Franc-quartier d'argent, chargé de 9. Croissans de gueules, posez 1. 3. 2. 3. à l'Estoille de mesme en Cœur.

3. **GALANDOT**, Orig. de Champagne.

Daniel de Galandot, demeurant à Donnemant, El. de Bar-sur-Aube.

D'azur à 3. Fleurs de Lierre d'or.

4. **GADOUOT**, Orig. de Bourgogne.

Jacques de Gadouot, Seig. de S. Georges, dem. à Planfort, Elect. de Troyes.

De gueules, à 2. Espées passées en Sautoir d'argent, la garde et la poignée d'or, au chef d'azur, chargé de 3. Estoilles d'or.

5. **GIRAULT**, Orig. de Bourgogne.

Jean-Baptiste Girault, Seig. de Charmoilles.

François Girault, Seig. de Voüecourt.

Antoine, Seig. de Genevrieres, demeurant Elect. de Langres.

D'azur à une Fasce d'argent, accompagnée de trois Croissans en chef, et en pointe d'un bout de mesme, à la bordure engreslée d'or.

6. GODET, Orig. de Champagne.

Jacques Godet, Seig. de la Grand-Maison, dem. à S. Julien, Elect. d'Espernay.

Charles Godet, Seig. de Vadenay, y demeurant, Elect. de Chaalons; et

Philbert Godet, son frère.

Henry Godet, Vicomte de Soudé.

François Godet de Soudé, Seig. de Bouzy, et Thoul sur Marne.

Joachim-Louis Godet de Soudé, Seig. de Ville-savoye.

Antoine Godet, sieur d'Aunay sur Marne, y demeurant.

Jean Godet, Seig. de Croüy.

Claude, Seig. dudit lieu, et Vicomte de Villiers aux Neufs.

Charles et Gaspart Godet, Seigneurs de Chamery.

Jeanne le Grand de Marcheville, veuve de Jean Godet, Seig. de Faremont, y demeurant, Elect. d'Espernay; et Jean Godet, son fils.

D'azur au Chevron d'argent, accompagné de trois Pommes de Pin d'or.

7. GEPS, Orig. de Baviere.

François de Geps, Seig. de Flavigny et de Chapeton, y demeurant, Elect. de Sezanne.

D'azur à 2. huchets adossez d'or, surmontez d'un Heaume d'argent.

8. GRUTHUS, Orig. d'Allemagne.

Jean de Gruthus, Seig. de Bruyère, demeurant à Challerange, Elect. de Reims.

Antoine, Seig. de Grand-Han, dem. à Auzeville.

Jean, Seig. du Chastelet, demeurant à Malassise.

Aleaume, Seig. de Malassise, demeurant à la Neufville; et

Antoine de Gruthus, Seig. de Girondel, et la Gravette, y demeurant, Elect. de Reims.

D'argent à l'Aigle contourné de gueules, becqué et membré d'azur, chargé sur l'estomach d'un Ecusson d'argent, à la fasce d'azur.

9. GRUY, Orig. de Champagne.

Claude de Grüy, Seig. du Mesnil-Fouchart, y demeurant, Elect. de Bar-sur-Aube.

François, Seig. de la Folie, et Jacques, Seig. de Choisey, demeurans à Planrup, Elect. de Vitry.

D'azur, à 3. Pals d'or; party d'azur à une Estoille d'argent, soûtenuë d'un Croissant de mesme, au Chef d'or, chargé de 3. Pals de gueules.

10. GUENICHON, Orig. de Champagne.

Nicolas Guenichon, Seig. de Suzancourt, demeur. à Bar-sur-Aube; et

Gabriël Guenichon, sieur dudit Suzancourt.

D'azur au Pont d'argent, massonné de sable, posé sur une Riviere courante du premier.

11. GRAFFEUIL, Orig. de Limousin.

Pierre de Graffeüil, Vicomte de Quatre-Champs; et Georges de Graffeüil, Vicomte du Mont S. Martin.

D'argent à une feüille de Houx de sinople, accostée de 2. Estoilles d'azur.

12. GUIGNE, Orig. de Picardie.

Nicolas de Guigne, sieur de la Roche.

Madeleine Damaisan, veuve d'Hubert de Guigne, sieur de la Roche, demeurante à Ramerup, El. de Troyes.

D'argent à 3. Maillets de gueules.

13. GUERIN, Orig. de Bretagne.

Jacques de Guerin, Seig. de Poisieux, demeurant aux Essarts le Vicomte, Elect. de Troyes.

D'or à 3. Lionceaux de sable, couronnez, lampassez et armez de gueules.

14. GOUJON, Orig. de Champagne.

Hierosme de Goujon, Seig. de Thuisy, demeurant audit lieu, Elect. de Reims.

Hierosme - Ignace de Goujon de Thuisy, M^e des
   Requestes.

   D'azur au Chevron d'or, accompagné de 3. lozan-
ges de mesme : Ecartelé de THUISY, *qui porte de gueules,*
au Sautoir engreslé d'or, cantonné de 4. fleurs de lys
d'argent.

15. GOGUÉ, Orig. de Perche.
Louis de Gogué, Seig. de Boissiere, demeurant à
   Villenauxe, Elect. de Troyes.

   D'azur au Cigne d'argent, au Chef cousu de gueu-
les, chargé de 3. Croix d'or.

16. DU GUET, Orig. de Champagne.
Robert du Guet, Seig. d'Inaumont et de la Lobbe.
Françoise-Angélique-Therese du Guet : Renaut du
   Guet, et Françoise.
Margueritte le Cormier, veuve de Jacques du Guet,
   sieur de la Cerlaut, y demeur. Elect. de Reims.
Marie du Guet, veuve de Mery de Sinot, Seig. de
   Vienne, demeurant à Herbigny; qui ont fait une
   genealogie séparée de celle de
Gilles du Guet, Seig. de Proviseux.
Claude du Guet, Seig. dudit Proviseux, demeurant
   à Voipreux, Elect. de Chaalons.
Françoise du Guet, demeurante à Chaalons.

   Ecartelé au premier d'argent, à 4. Bandes de gueu-
les : Au 2. et 3. de gueules plains : Au 4. d'argent,
au Lion de gueules.

17. GUMERY, Orig. de Champagne.
Daniel de Gumery, Seig. du Chemin, et de la
   Vacherie, y demeurant, Elect. de Troyes.
Antoine de Gumery, Seig. de la Thuillerie, dem.
   à S. Parre, mesme Election.

   D'azur au Chevron d'or, accompagné en chef de 2.
Estoilles, et en pointe d'une Gerbe de mesme.

18. DE GILLET, Orig. de Champagne.
Marie de Poüilly, veuve de Philippes de Gillet,
   Seig. de la Mairy, et de Sivry; et

Jean de Gillet, son fils, demeurant audit Sivry, Elect. de Reims.

D'azur à une Tour d'argent, surmontée de 2. Croissans de mesme.

19. GONDRECOURT, Orig. de Champagne.

Claude de Gondrecourt, Seig. de Colombé la Fosse, Président à Chaumont.

De sable au Lion d'argent, armé et lampassé de gueules.

20. LE GRAND, Orig. de Champagne.

Edmée Collot, veuve de Charles le Grand, Daniel, Bernard, et

Alexandre le Grand, Seigneurs d'Epotemont, et

Nicolle le Grand, demeurans à Larzicourt, Elect. de Bar-sur-Aube.

D'azur à 3. Fusées d'or en fasce.

21. DE GRAND, Orig. de Champagne.

Maurice de Grand, Seig. de Briaucour.
Nicolas de Grand, sieur dudit Briaucour.
Pierre, Seig. de Buxereulles.
Gaspart-Antoine de Grand, Seig. de Grosnay.
Dominique, Seig. de la Harmant.
Maurice, Seig. de Marnay.
Jean-Baptiste, Milles, Bonaventure, Gabriel, et Françoise de Grand.

D'azur à la Fasce d'or, accompagnée de 3. Estoilles de mesme.

22. DE GORRON, Orig. de Normandie.

Jean-Baptiste de Gorron, Seig. de Beaulieu, et du Chastelier, demeurant à Virey sous Bar, Elect. de Bar-sur-Aube.

D'argent à la Fasce de sable, accompagnée de 3. Trefles de gueules.

23. GROULART, Orig. de Liege.

Sebastien de Groulart de Hazinelle, demeurant à Sauville, Elect. de Rethel.

D'Azur à 3. Estoilles d'or.

24. LE GRAS, Orig. de Champagne.

Pierre le Gras, sieur de Vaubercey, y demeurant, Elect. de Troyes.

D'Azur à 3. Roseaux d'or, surmontés d'un Besan de mesme, au chef vairé d'or et d'azur.

25. GAALON, Orig. de Normandie.

Judith de Galois, veuve d'Henry de Gaalon, sieur des Careaux, demeurant à Autigny, Election de Vitry.

Henry-Joseph, Frederic, Louis, Caterine et Anne de Gaalon, ses enfans.

De gueules à 3. Rocs d'or.

26. LE GENEVOIS, Orig. de Champagne.

Charles le Genevois-Bleigny, Marquis de Bleigny, y demeurant, Elect. de Bar-sur-Aube.

D'azur à la fasce d'or, accompagné de 3. Coquilles de mesme.

27. GELÉE, Orig. de Champagne.

Augustine de Philipponat, veuve de Pierre de Ge- lée, Seig. de Champagne, Pierre, Suzanne, et Renée, ses enfans.

Blanche et Philippes de Gelée, demeurans à Cham- pagne, Elect. de Chaalons.

D'azur, au Chevron d'or, surmonté au chef d'un Os d'argent, posé en pal, soûtenu de 2. Aigles de mesme, à l'Estoille d'or en pointe.

28. DU GRETZ, Orig. de Champagne.

François du Gretz, Seig. d'Humbauville, y dem., Elect. de Bar-sur-Aube.

Anne de Monspoix, veuve de Jean du Gretz, et Helene du Gretz, veuve de Pierre Raget.

D'or au Chevron d'azur, accompagné de 3. •Besans de mesme.

29. DE GUY, Orig. du Comté de Neufchastel en Suisse.

Jacques d'Haudanger de Guy, sieur de Sorcy, y demeurant, Elect. de Rethel, qui a fait une genealogie séparée de celle de

Guillaume de Guy, Seig. de Ville, y demeurant, mesme Election.

De gueules, à la Croix d'argent, cantonnée au premier et second canton de 2. Mollettes d'or.

30. GUILLAUME, Orig. de Brye.

Daniel Guillaume, sieur de la Plante, et de Courcelles, Parroisse de Couribertz, Élection d'Espernay.

D'or au Loup passant de gueules, à la fasce ondée d'azur, mise en chef.

HAMES, Orig. de Flandres.

Charles de Hames, Seig. de Merval, demeurant à Courcelles, Elect. de Reims.

Vaïré d'or, et d'azur.

2. HUOT, Orig. de Champagne.

Edme Huot, sieur de la Heraude, demeurant à Vaudes, Elect. de Troyes.

De gueules à 5. Bandes d'or.

3. HERAULT, Orig. de Brye.

Judith de la Barge, veuve de Gedeon de Herault, Seig. du hault Charmois, et

Samuel de Herault, Seig. dudit lieu.

D'azur, à 3. testes de Limier d'or, à la bordure de gueules.

4. HERMANT, Orig. de Bourgogne.

Henry de Hermant, Seig. de Grand-Maison, et Marquigny, y demeurant, Elect. de Rethel.

Louis de Hermant, Seig. de Launoy, demeurant à la Metz, mesme Election.

D'azur à la Croix d'argent, cantonnée au premier et 2. de 4. Estoilles de mesme : Au 3. de 2. Estoilles du second, soûtenuës d'une fasce d'or : Et au 4., d'un Pal d'or, adentré de 2. Estoilles d'argent.

5. **HARLUS**, Orig. de Valois.

Denis de Harlus, Seig. de Vertilly, demeurant à Avon, Elect. de Troyes.

De sable au Lyon d'argent, couronné d'or, lampassé et armé de gueules.

6. **HERISSON**, Orig. de Brye.

Pierre de Herisson, Seig. de Vigneux.

Crespin, sieur dudit Vigneux, et Françoise de Herisson, demeurant à la Palmerie, El. d'Espernay.

Jean de Herisson, Seig. de Vigneux, et du Mesnil Fouchart, y demeur. Elect. de Bar-sur-Aube.

D'azur à 3. Roses d'argent.

7. **HANDRESSON**, Orig. d'Escosse.

Louis d'Handresson, Seig. de S. Martin, y dem., Elect. de Chaumont.

Jean, Seig. de Livry, y dem., Elect. de Reims.

D'azur à la fasce d'or, accompagnée en chef de 3. Croissans d'argent et de 3. Hures de Sanglier d'or en pointe.

8. **DU HAMEL**, Orig. de Picardie.

Claude du Hamel, Seig. de S. Remy en Bouzemont.

François du Hamel, Seig. des Bousses ; et

Louis du Hamel, demeurans audit S. Remy, El. de Vitry.

D'argent à la Bande de sable, chargée de 3. Sautoirs d'or.

9. **L'HOSTE**, Orig. de Champagne.

Madelene le Goix, veuve de Claude l'Hoste, Seig. de Recy, Bailly d'Espernay.

Claude l'Hoste, Seig. de Recy : Jacques, Augustin, Anne, Marie, Therese, Marie, Madeleine et Monique l'Hoste, ses enfans, demeurans à Recy, Elect. de Chaumont.

D'azur à une Teste de Griffon, arrachée d'argent.

10. L'HOSPITAL, Orig. de Champagne.

Jean de l'Hospital, sieur du Castel, demeurant à Plivost, Elect. d'Espernay.

Philippes, sieur de la Chapelle, dem. à Chaalons.

D'or au Chevron d'azur, accompagné de 3. Ecrevices de gueules.

11. HEZECQUES, Orig. d'Artois.

Perette de Bailleux, veuve de Charles de Hezecques, Seig. de S. Pierremont, demeurant à Suzancourt.

Charles de Hezecques, son fils, Seig. d'Inor, y demeurant, Elect. de Reims.

D'argent, au Lion de sinople, armé, lampassé, et couronné de gueules.

12. HUMBELOT, Orig. de Lorraine.

Claude Humbelot, Seig. de Serqueux, y demeur., Elect. de Langres.

D'azur à la fasce ondée d'argent, accompagnée de 3. Annelets d'or.

13. DU HOUX, Orig. de Lorraine.

Jonas du Houx, Seig. de la Barre, dem. au Vivier, Parroisse de Vandieres, Elect. d'Espernay.

Elisabeth de la Barge, veuve de Benjamin du Houx.

Florestan du Houx, et Antoine, Seigneur des Espignolles, demeurant à Grimprets, Elect. d'Espernay.

De gueules à 3. Bandes d'argent, le gueules chargé de 4. Annelets d'or en barre.

14. HENAULT, Orig. de Picardie.

Claude de Henault, Sr. de Launay, René et François de Henault.

Margueritte Allart, veuve de Denis de Henault, leur Mere, demeurans à Sezanne.

D'or au Chevron abaissé d'azur, accompagné de 3. testes de Mores de sable bandées d'argent.

15. HEUDÉ, Orig. de Champagne.

Jean de Heudé, Seigneur de Blacy, y demeurant, Elect. de Vitry.

De gueules, à un Elephant d'argent, appuyé contre un Palmier d'or.

16. D'HUEY, Orig. de Champagne.

François d'Huey, Seig. de Villemorien,

Henry, Seig. de Vougré, demeurans à Chalmetz sur Vougré, Elect. de Bar-sur-Aube.

D'azur au Chevron d'argent, accompagné de trois Tourterelles de mesme, 2. et 1.

17. HOUDREVILLE, Orig. de Champagne.

François de Houdreville, sieur de Suzemont, y demeurant, Elect. de Chaumont, et

Charlotte Largentier, veuve de Charles de Houdreville.

D'azur, au Chevron d'or, accompagné en chef de 2. Estoilles et d'un Lion de mesme, en pointe.

18. HENNIN-LIETARD, Orig. de Flandres.

Antoine de Hennin-Lietard, Seig. de Bleincour, y demeurant, Elect. de Troyes.

François de Hennin-Lietard, Seig. de Semide, demeurant à Inaumont, Elect. de Rethel, qui ont fait leur Genealogie séparée de celle de

Antoine de Hennin - Lietard, Seig. dudit Semide, S. Morel, et Corbon, demeurant à Ste. Vauhourg, Elect. de Reims.

De gueules à la Bande d'or.

7

19. **HEDOUVILLE**, Orig. de l'Isle de France.

Ferdinand de Hedouville, Seigneur de Merval, et Sapigneul, y demeurant.

Louis, Seig. de Godart, demeurant à Reims.

Eleonor de Valons, veuve de Michel de Hedouville, demeurant à Minecourt, Elect. de Vitry.

D'or, au Chef d'azur, chargé d'un Lion léopardé d'argent, lampassé de gueules.

20. **DU HAN**, Orig. de Champagne.

Antoine du Han, sieur de la Neufvelle, y demeurant, Elect. de Langres.

Lozangé de gueules et d'or, au chef de gueules, chargé de 2. quintes feüilles d'or.

21. **HAUDOUIN**, Orig. d'Anjou.

Robert et Charles de Haudoüin, Sieurs de Spilly, y demeurans, Election de Reims, qui ont fait leur Genealogie separée de celle de

Abraham de Haudoüin, Sieur et Vicomte de Passy sous Gigny, y demeurant, Election d'Espernay.

De gueules au Chevron d'or, accompagné de 3 testes d'hommes à longs cheveux de sable, les faces contournées à la droite, serrées d'un bandeau de mesme.

22. **HARZILLEMONT**, Orig. de Champagne.

Claude d'Harzillemont, Seig. de Loupignes, dem. à Bethniville, Elect. de Reims.

De gueules à 3. Pals de vair, au chef d'or, chargé de 3. Merlettes de gueules.

JOYEUSE, Orig. de Languedoc.

Nicolle de Villiers, veuve de Robert de Joyeuse, Baron de S. Lambert.

Jules-Charles de Joyeuse son fils, demeurant audit lieu, Elect. de Rethel.

Jean-Armand de Joyeuse, Seig. de Ville sur Tourbe,
Elect. de Reims.
Et Michel de Joyeuse, Baron de Verpel, demeur.
à Matault, Elect. de Troyes.

*Pallé d'or et d'azur de 6. pieces au chef de gueu-
les, chargé de 3. Hydres d'or; Écartelé d'azur au Lion
d'argent, à la bordure de gueules, chargée de 8. Fleurs
de Lys d'or.*

2. JUIGNÉ, Orig. d'Anjou.

Marie de Brabant, veuve d'Isaac de Juïgné, sieur
de la Broissiniere.
Isaac de Juigné, Seig. dudit lieu, Louise, Anne, et
Marie de Juigné, ses enfans.

*D'argent au Lion de gueules, à la teste d'or, armé
de mesme.*

3. D'IVORY, Orig. de Bourgogne.

Pierre d'Ivory, Seig. de la Morteau, y demeurant
Elect. de Rethel, qui a fait sa Genéalogie sé-
parée de celle de
Christophe d'Ivory, Seig. d'Ossinemont, et de Sery,
y demeurant, Elect. de Rethel.
Jean d'Ivory, sieur d'Escordal, dem. à Villiers.
Jeanne de Boham, veuve de Philippes d'Ivory,
sieur d'Escordal, y demeurant, Elect. de Reims.

De sable à 3. Besans d'argent.

LIVRON, Orig. de Dauphiné.

Charles de Livron, Abbé d'Ambronnay.
Et Nicolas de Livron son frere, Marquis de Bourbonne, Lieutenant pour le Roy au Gouvernement
de Champagne, demeurant à Bourbonne, Elect.
de Langres.

*D'argent à 3. fasces de gueules, brisé au franc-car-
tier d'un Roc d'Eschiquier de mesme.*

2. LIGNEVILLE, Orig. de Lorraine.

Daniel de Ligneville, Comte d'Autricourt,
Et Jean-Jacques de Ligneville, Seig. d'Autreville,
y demeurant, Elect. de Chaumont.

Lozangé d'or et de sable.

3. LANGAULT, Orig. de Champagne.

Pierre Langault, Seig. de Marson et de Bignicourt,
Tresorier de France, demeurant à Chaalons.

*D'azur à 2. Espées passées en Sautoir d'argent, la
garde et la poignée d'or.*

4. LOCART, Orig. d'Escosse.

Pierre, Charles, Hierosme, Nicolle, et Caterine Locart, demeurans à Charmoy, Elect. de Troyes.

*De sable à 2. Esperons d'argent, l'un sur l'autre,
le 2. contourné.*

5. LE LIEUR, Orig. de Normandie.

Jacques le Lieur, Seig de Fossoy, et de Chaas
y demeurant, Elect. de Troyes.
Guy le Lieur, Seigneur de Messon, y demeurant,
mesme Election.
Nicolle le Lieur, fille d'Henry le Lieur.
Marie le Lieur, Nicolle et Margueritte, enfans de
François, Seig. de Laval, demeurant à S. Eu-
fraize, Elect. de Reims.

*D'or, à la Croix denchée, partie d'argent et de
gueules, cantonnée de 4. testes de Leopards d'azur, lam-
passés de gueules.*

6. LEIGNER, Orig. de Champagne.

Gilles de Leigner, Seig. d'Inaumont, demeurant
à Chaumont sous Bourg, Elect. de Rethel.
Christophe-Antoine et Valentine de Leigner, enfans
de Nicolas de Leigner, et de Caterine de Launois, demeurans audit Inaumont.
Elisabeth de Leigner, Dame d'Arnicourt y dem.
Elect. de Reims.

Georges de Leigner, Seig. de l'Estannes, et Blan-
ches de Leigner, sa sœur.

D'argent à 3. Merlettes de sable.

7. LINAGE, Orig. de Champagne.

Charles Linage, sieur de Nozay, ý demeurant,
Elect. de Troyes.
André, et Antoine Linage ses freres, demeurans
Elect. de Vitry.
André et Thomas, Seig. de Loisy, Elect. de Vitry.

De gueules au sautoir engreslé d'or, accompagné de
4. Fleurs de lis de mesme.

8. DU LYON, Orig. de Bourgogne.

Claire Sauvage, veuve de René du Lyon.
Claude - François du Lyon, Seig. de Poinssens et
Poinssenot, Elect. de Langres.
Et Jean-Baptiste du Lyon, son frere.

D'or, semé de Croisettes de sable, au Lion de mes-
me, armé et lampassé de gueules.

9. LIGNY, Orig. de Poitou.
Claude de Ligny, Seig. de Vaucelles.

De gueules, à la Fasce d'or, au chef échiqueté d'ar-
gent et d'azur de 3. traits.

10. LIGOT, Orig. de Touraine.
Charles de Ligot, Seig. de la Boulaye, demeurant
à la Chaise, Elect. de Bar-sur-Aube.

D'azur à deux chevrons d'or, accompagnez de trois
Trefles d'argent.

11. LENHARÉ, Orig. de Brye.

Jacques de Lenharé, Seig. de la Maison rouge, et
Conantray, y demeur., Elect. de Chaalons, qui
a fait sa Genealogie séparée de celle de
Christophe de Lenharé, Seigneur de Tiercelieu, y
demeurant, Elect. de Sezanne.

D'argent, à deux Cottices de sable.

7*

12. LESCUYER, Orig. de Champagne.

Antoine Lescuyer, Seig. de la Chanée, demeur.
à Justines, Elect. de Reims.

Jean Lescuyer, Seig. d'Hagnicourt, demeurant à
Flize.

Charles, Seig. d'Amichenoy, demeurant à Hagnicourt.

Charles le jeune, Seig. de Montigny, y dem., et

Louis, Seig. de Mongon, y demeurant.

Roland, Seig. d'Hagnicourt, y demeurant, Election
de Rethel.

D'argent, à trois Merlettes de sable.

13. LANTAGE, Orig. de Bourgogne.

Jacques de Lantage, Seig. de Feligny.

De gueules, à la Croix d'or ; Ecartelé d'azur, au
fer de Moulin d'argent.

14. LONGUEAU, Orig. de Gastinois.

Henry de Longueau, Seig. de Villins, et de S.
Benoist sur Vannes, Elect. de Troyes.

D'azur, fretté d'argent.

15. LIBAUDIERE, Orig. de Champagne.

Pierre de Libaudiere, Seig. de Rougemont, dem.
à Rameru, Elect. de Troyes.

Louis, Seig. de Brandonvilliers, y demeurant, El.
de Bar-sur-Aube.

D'azur à trois testes d'Aigles arrachées d'or.

16. LAUNOY, Orig. de Champagne.

Jean de Launois, Seig. de Vognon, et Christophe-
François de Launoy, son fils, demeurans audit
Vognon, Elect. de Rethel.

D'argent à 3. Pals de gueules, accostés de 14.
mouchetures d'Hermines, posées, 4. 3. 3. 4.

17. LALLEMANT DE LESTRÉE, Originaire de
Champagne.

Pierre Lallemant de Lestrée, Seig. d'Atye, dem.
à Chaalons;

Et Anne Lallemant, veuve de Jacques le Fevre,
sieur de Cernon, demeurante audit Chaalons.

De sable, au Chevron d'or, accompagné de 3. Estoil-
les, celle de la pointe surmontée d'un Besan de mesme.

18. LAIGLE DE LA MONTAGNE, Originaire de
Xaintonge.

Jacques de Laigle de la Montagne, sieur de Champgerbault, Pierre et Charles de Laigle, freres,
Madeleine, Louise et Renée, leurs sœurs, dem.
à Champgerbault, Paroisse de Louvemont, El.
de Vitry.

De gueules, à l'Aigle à deux testes, éployé d'argent.

19. DES LAIRES, Orig. de Champagne.

Nicole de Bohan, veuve de Roch des Laires, sieur
de Montgon, y demeurant.

Jean-Hierosme des Laires, sieur dudit lieu.

Roland des Laires, sieur de la Morteau, y dem.
Elect. de Rethel.

D'azur à l'Aigle d'or, accompagné en chef de deux
Croix patées au pied fiché d'argent.

20. LESCARNELOT, Orig. du Barrois.

Jacques Lescarnelot, sieur de Breuvery, et Madelene sa sœur, demeurans à Chaalons.

De gueules, à une Molette d'or; au chef d'azur,
chargé de trois Croix croisettées au pied fiché d'or.

21. LARGENTIER, Orig. de Champagne.

Adolphe Largentier, sieur de la Fortelle, dem.
au clos le Roy.

Jacques Largentier, sieur du Chesnoy, demeurant
à la Godine.

Anne de Folleville, veuve d'Alexandre Largentier,
Seig. de Joizelle, demeurant à Chamguion, El.
de Sezanne.

D'azur, à trois Chandeliers d'Eglise d'or.

22. **LANGLOIS**, Orig. de la Rochelle.
Louis Langlois, Seig. de Chevigny, y demeurant,
  Elect. de Chaalons.

> *D'azur à 3. Roses d'or, feüillées de gueules.*

23. **LARCHER**, Orig. de Paris.
Michel Larcher, Seigneur d'Olizy, Bailly de Ver-
  mandois.

> *D'azur, au Chevron d'or, accompagné en chef de 2
> Roses d'argent, et en pointe d'une Croix Patriarchale
> de mesme.*

24. **DE LAISTRE**, Orig. de Champagne.
Elizabeth Lambert, veuve de Bernard de Laistre,
  Seig. de Riaucourt.
Antoine, et Marie de Laistre, demeurans à Riau-
  court, Elect. de Chaumont.

> *D'azur, à un vol d'or, surmonté d'un œil de mesme.*

25. **LUILLIER**, Orig. de Champagne.
Marie de Biencourt, veuve de Charles Luillier, Sr.
  de S. Mesmin; et
Claude de Biencourt, veuve de Pierre Luillier,
  Seig. de Courlanges, demeurant Election de
  Troyes.

> *D'azur, à trois Coquilles d'or.*

MOLÉ, Orig. de Champagne.
Pierre-François Molé, Seig. de Villy le Marechal.
Nicolas, Jean, Hierosme, Eustache Molé, et Simonne de Mesgrigny, veuve de Claude Molé,
  leur mere.

> *De gueules à deux Estoilles d'or en chef, et un crois-
> :nt d'argent en pointe.*

2. **MOET**, Orig. de Champagne.

Jean Moët, Seig. de Broüillet et d'Ugny, Conseïller au Presidial de Reims.

Nicolas, Jacques et Jean Moët, ses enfans, demeurans à Reims.

Thierry Moët, Seig. de Bronville, et de Recy, y demeurant Election de Chaalons.

Jacques Moët, demeurant à Reims.

Marie Noel, veuve de Cesar Moët, sieur de la Fortemaison, et Scipion Moët son fils, demeurans à Pierry, Election d'Espernay.

De gueules à deux Lions adossés d'or, les testes contournées.

3. LA MARRE, Orig. de Champagne.

Charles de la Marre, Seig. de Bloucquenay, demeurant à Chardeny, Élect. de Rethel.

D'argent à trois Pals de gueules.

4. MINETTE, Orig. de Champagne.

Caterine] et Marie, Therese de Minette, Dame de Hetz, y demeurantes Election de Vitry.

François de Minette, sieur de S. Vrain, y demeurant, mesme Election.

Caterine de Chastillon, veuve d'Henry de Minette, sieur de Viaspre.

Pierre de Minette, sieur dudit Viaspre.

Anne, Henriette, Edmée, et Louise de Minette sœurs.

Edme de Minette, sieur de Bassignan leur frere.

Et Jacques de Minette.

D'or au Lion de gueules, vestu de frette de mesme.

5. MAIZIERES, Orig. de Champagne.

Claude de Maizieres, Seig. de Vericour, demeurant à Jassene.

Augustin, son fils, demeurant à Brebant.

Françoise, veuve de Nicolas de Maizieres, Pierre et Louis de Maizieres, ses enfans, demeurans à Vernonvillers, Elect. de Bar-sur-Aube.

De gueules au chef d'argent, chargé de trois Lozanges de mesme.

6. **MERTRUS**, Orig. de Champagne.

Claude de Pons, veuve de Claude de Mertrus, Seig. de S. Oüin y demeurant.

Claude Seig. dudit S. Oüin, y demeurant, Elect. de Troyes.

Antoine Seig. de la Ville au Bois, y demeurant Election de Bar-sur-Aube.

Et Antoine Seig. de S. Leger, y demeurant mesme Election.

D'azur, au Lion d'or.

7. **MAUBEUGE**, Orig. de Picardie.

Jean de Maubeuge, Seig. de Feligny, Election de Bar-sur-Aube.

Vairé d'or et de gueules.

8. **MIREMONT**, Orig. d'Auvergne.

François de Miremont, Seig. de S. Estienne, y demeurant Election de Reims.

D'azur au pal d'argent, fretté de sable, accosté de de deux fers de Lance du second.

9. **MARCHEVILLE**, Orig. de Champagne.

Gabriel de Marcheville, Seig. de Murtin, y demeurant Elect. de Reims.

D'azur à cinq Bezans d'argent, posez 2. 2. et 1.

10. **MALVAL**, Orig. de Champagne.

François de Malval, Seig. de la Malmaison.

D'azur à la face d'argent, chargé de trois Estoilles de sable, surmontée d'un Lion d'or.

11. **MARISY**, Orig. de Champagne.

Nicolas de Marisy, sieur de Cervel, demeurant à Troyes.

D'azur à six Macles d'or, 3. 2. et 1.

12. **MONTIGNY**, Orig. de Champagne.

Claude de Montigny, Seig. d'Atricour, demeurant à Saquenay, Election de Langres.

De gueules à cinq fasces d'or.

13. MONTIGNY, Orig. de Champagne.

François de Montigny, Seigneur de Cramoisel, demeurant à Savigny, Election de Reims. Et

Jeanne de Montigny, veuve d'Antoine de Champagne, Seig. de Neuvy, y dem. Elect. de Sezanne, qui ont fait une Genealogie separée de celle de

Roland, et Charles de Montigny, Seig. de Violaine, demeurans à Chastillon, Elect. d'Épernay.

Semé de France au Lion naissant d'argent.

14. LE MARGUENAT, Orig de Champagne.

Philippes le Marguenat, Seig. de S. Pars y demeurant, Election de Troyes.

D'azur à 3. bandes d'or, au chef de mesme, chargé de 3. Roses de gueules.

15. MUSSAN, Orig. de Picardie.

Nicolas de Mussan, et Claude son fils, Seigneurs de Mongon, y demeurans, Election de Rethel.

Et Charles de Mussan, demeurant à Brethel, mesme Election.

D'azur, à 3. Fasces d'argent, chargées d'une hache d'armes de mesme, posée en bande, brochant sur le tout.

16. DU MESNIL, Orig. de Champagne.

Nicolas du Mesnil, sieur de Bourbonne, et du petit Mesnil.

Samson du Mesnil, Sieur desdits lieux.

Gilles du Mesnil, Sieur de Chambourg, demeurans à Chaumesnil, Elect. de Bar-sur-Aube ; et

Nicolas du Mesnil, Seig. du petit Mesnil, demeurant à Vernonvilliers, mesme Election.

D'azur, à trois Fasces d'argent.

17. DE MONARD. Orig. de la Marche.

Charles de Monard, Seigneur de Villefavard, demeurant à Villiers-Franqueux, Elect. de Reims,

D'argent, à la Fasce de gueules, accompagnée de trois Aiglettes d'azur.

18. DE MARC, Orig. de Champagne.

Guillaume de Marc, Seig de Brousseval, y demeurant, Election de Vitry.

D'azur, au chevron d'or, accompagné de 3. Molettes de mesmes ; Ecartelé de gueules, à la Croix denchée d'argent.

19. LA MOTTE, Orig. de Champagne.

Pierre de la Motte, Seigneur de Braux le Comte, René, Louis, Margueritte et Madelene de la Motte, demeur. à Braux, Elect. de Bar-sur-Aube, qui ont fait leur Genealogie séparée de celle de

Claude de la Motte, Seigneur d'Arrentiere, demeurant à Aunay, mesme ¡Election.

D'azur, au Baston noüeux d'or, posé en bande.

20. MOSSERON, Originaire de Brye.

Edmée de Bossancour, veuve de Juste de Mosseron, Seigneur de Fligny, Estienne, Jacques, Louis, François, Margueritte, Madelene, et Elizabeth-Marie de Mosseron, ses enfans ; et

Jacques de Mosseron, Seigneur de Fligny, y demeurans, Election de Bar-sur-Aube.

D'argent, à la Fasce de sable, accompagnée en chef de trois Trefles, et en pointe de cinq Anchres de mesme.

21. MEDART, Orig. de Lorraine.

Louis Medart, Sieur du Fossé, demeur. à Langres.

D'or, à la fasce d'azur, chargée de deux Roses d'argent, accompagnée de trois Roses de gueules.

22. MONTANGON, Orig. de Champagne.

Charles de Montangon, Seig. de Crespy.

Dianne de Chastenay, veuve de Louis de Montangon ; et

Charles de Montangon, Sieur de Rouvroy, demeurans à Crespy, Élection de Bar-sur-Aube.

Gironné d'or et d'azur, de six pieces.

23. DU MONCEAU, Orig. de Champagne.
Jean du Monceau, Seig. de Cussangy, Elect. de
Bar-sur-Aube.

*D'azur, au Chevron d'argent accompagné de trois
Estoilles de mesme.*

24. MISERAC, Orig. de Vivaretz.
Marie de Ligny, veuve de Frederic de Miserac,
sieur de Vaux; et
Louis de Miserac, sieur dudit lieu, son fils.

*D'argent, au Chevron de sable, accompagné de 3.
Merles de mesme, becquées et armées d'or, les deux du
chef contournées.*

25. MARTIN DE CHOISEY, Orig. de Bourgogne.
Georges Martin de Choisey, sieur de Barjon; et
Françoise Martin de Choisey, veuve d'Abdenago
de Joisel, sieur de Beurville.

*D'argent, à trois Martinets de sable, au chef de mes-
me, chargé de trois Coquilles du champ.*

26. LE MIRE, Orig. de Bourgogne.
Louis le Mire, sieur de la Courtille, demeurant à
Champignolle, Elect. de Bar-sur-Aube.

*D'azur, au Chevron d'argent, accompagné de trois
Pommes de Pin, d'or.*

27. MALCLERC, Orig. de Lorraine.
Dominique de Malclerc, Seig. de Sommervillier,
et de Pré, Elect. de Vitry.

De sable, à deux fumelles d'argent.

28. DE MAILLART, Orig. de Liege.
Claude de Maillart, Seig. de Gruyeres, et Noüart,
y demeurant, Elect. de Reims.
Et Claude-Charles de Maillart, sieur de Landres.

*D'azur, à l'Ecusson d'argent, au Lion naissant de
mesme.*

29. DE MANCE, Orig. de Champagne.

Antoine de Mance, sieur d'Olon, et Claude de Mance, sieur de Maravois, demeurans à Oudival, Elect. de Langres.

D'azur, à la Mancine d'or, au fruit de sable bordé de gueules.

30. MESGRIGNY, Orig. de Champagne.

Jean de Mesgrigny, Marquis dudit lieu, Conseiller d'Estat ordinaire.

François, Seig. de Briel, y demeurant, Elect. de Bar-sur-Aube.

Jean-François de Mesgrigny, Marquis de Vandeuvre.

Nicolas de Mesgrigny, Comte d'Aunay, et de Vilbertin, y demeurant, Elect. de Troyes, et

Jean de Mesgrigny, Seig. de Sousleau, y demeur. mesme Election.

D'argent au Lion de sable.

31. MORILLON, Orig. de Champagne.

Jean de Morillon, Conseiller au Parlement, Seig. de Reims la Bruslée, Elect. de Vitry.

D'or à la fasce de gueules, chargée de deux filets ondés d'argent, accompagnée de trois trefles de sable.

32. MONTARBY, Orig. de Champagne.

Louis de Montarby, Seig. de Dampierre. Et

François de Montarby, Seig. de Freville, demeurant à Lannes, Elect. de Langres.

De gueules au Chevron d'argent.

33. DE MELIN, Orig. de Liege.

Philippes de Melin, Seig. de Savigny, y demeur. Et

Philippes de Melin, Seig. de Geraumont, y demeurant, Elect. de Rethel.

D'or à deux Lions affrontés et couronnés de sable, lampassez et armez de gueules, surmontez de Merlettes du second.

34. MYON, Orig. de Bourgogne.

Gabriel de Myon, Baron de Gombervaux, y demeurant, Elect. de Chaumont.

Escartelé d'or et de gueules.

35. DE MONCRIF, Orig. d'Escosse.

Suzanne de Brunet, veuve d'Anne de Moncrif, demeurant à Heurville sur Marne, Elect. de Vitry.

D'or au Lion de gueules, armé et lampassé d'azur au chef d'Hermines.

36. MAUJON, Orig. de Champagne.

Joseph de Maujon, Seig. de la Routiere. Et Louis son frere, sieur de Batilly, demeurans à la Routiere, Elect. de Bar-sur-Aube.

D'argent à 3. Merlettes de sable.

37. MONTGUYON, Orig. de Champagne.

Pierre de Montguyon, Seig. de Germont, et de Puisieux, y demeurant, Elect. de Rethel.

D'argent, à 3. testes de Mores de sable, bandées du champ, 2. et 1.

38. MEIEL, Orig. d'Allemagne.

Louis-Philippes de Meiel, Seig. de Meilbourg, demeurant à Roches, Elect. de Reims, et Anne de Meiel, sa sœur.

D'or à 3. Goblets de vaire meyellez.

39. MAILLY, Orig. de Picardie.

Nicolle de Marquette, veuve de Gedeon de Mailly, Seig. de Briauté.

Philippes de Mailly, sieur dudit Briauté, Antoinette, Margueritte et Marie de Mailly, ses enfans, demeurans à Boulzicourt, Elect. de Rethel.

D'or à 3. Maillets de sinople.

NETTANCOURT, Orig. de Champagne.

Nicolas de Nettancourt d'Haussonville, Comte de Vaubecourt, y demeurant.

François-Gaston de Nettancourt, Seig. de Bettancourt et de Vroil, y demeurant.

Edmond de Nettancourt, Baron de Frenetz; et
Louis de Nettancourt, Seig. dudit lieu, y demeurant, Elect. de Chaalons.

NETTANCOURT, *Porte de gueules, au Chevron d'or.*
HAUSSONVILLE, *D'or à la Croix de gueules, frestée*
d'argent.

2. DE LA NOUE, Orig. de Brye.
Louis de la Nouë, Seig. dudit lieu, y demeurant,
Elect. de Sezanne, qui a fait sa Genealogie sé-
parée de celle de
Hector de la Nouë, Seig. de la Forest; Madelene
et Marie de la Nouë, ses sœurs, demeurans à
Esternay, Elect. de Sezanne, qui ont encore
fait une Genealogie separée de celle de
Joachim de la Nouë, demeurant à Beurville, El.
de Bar-sur-Aube.

Lozangé d'argent et d'azur.

3. NOVION, Orig. de Champagne.
Jean de Novion, Seig. de la Motte, Fauconnerie,
et de Vée.
Louis de Novion, Seig. de la Hazette.
Simon de Novion, sieur dudit lieu de la Hazette,
Elect. de Reims.

D'azur à la Bande d'or, accompagnée de trois Co-
lombes d'argent.

4. NOGENT, Orig. d'Italie.
Charles de Nogent l'aisné, Charles de Nogent le
jeune, Estienne de Nogent, Seig. d'Humbauville
y demeurant.
Charles et Jacques de Nogent, fils dudit Charles
l'aisné, demeurant à Cunsin, El. de Bar-sur-Aube.
Nicole Tremisot, veuve de Feu Gaspart de Nogent,
Seig. d'Aubetré; Jean, Sebastien, Henry, Gas-
part, Joseph, Margueritte et Alexandrine, ses
enfans, demeur. à Vexaulles, Elect. de Langres.
François de Nogent, sieur de la Colombiere, et
Jacques, son fils.

De gueules, au Chevron d'argent.

5. DES NOYERS, Orig. de Champagne.
François des Noyers, Seig. de Brechinville, Elect.
de Chaumont.

D'argent à 3. mouchetures d'Hermines, à la bordure dentelée de gueules.

6. DE NIGER, Orig. de Savoye.
Claude-Louis de Niger, Seig. de Manissart, dem.
à Gesnes, Elect. de Reims.

D'azur au Lion d'or, au chef d'argent, chargé de 3. testes de Mores de sable, accostées de 2. étoilles de gueules.

7. NOIREFONTAINE, Orig. de Champagne.
Robert de Noirefontaine, Seig. du Buisson, dem.
à Escrienne, Elect. de Vitry.
Jeanne de Noirefontaine, Seig. du Buisson, y demeurant, mesme Election.
Anne, et Claude de Noirefontaine.

De gueules à 3. Estriers d'or.

8. DE NOUE, Orig. de Valois.
Charles de Noüe, sieur de Cuy, demeurant à Courmas, Elect. de Reims.
Joseph, Claude, Hierosme, Robert et François de
Noüe, Seig. dudit lieu, et de Marne la Maison, y demeurans, Elect. de Vitry.

Echiqueté d'argent et d'azur, au chef de gueules.

OUDAN, Orig. de Champagne.
Jean et Nicolas Oudan, Seig. de la Cressonniere,
demeurans à Damery, Elect. d'Epernay.

D'azur au Chevron d'or, accompagné de 2. Roses en chef, et d'un Lion de mesme en pointe.

2. ORTHE, Orig. de Champagne.
Charles d'Orthe, Vicomte de Voulzy, y demeur.;
Elect. de Rethel.

D'argent au Lion de gueules, chargé en cœur d'une Estoille d'azur.

8*

3. **OREY**, Orig. de Liege.

Louis d'Orey, Baron de Bolandre, demeurant à
Bienville, Elect. de Vitry.

*De gueules semé de fleurs de lis d'or, à l'Ecusson
d'azur en abysme.*

4. **ORGE**, Orig. de Basssigny.

Jean d'Orge, Seig. de Louvieres, y demeurant,
Elect. de Langres.

D'argent à 3. fasces d'azur.

5. **ORJAULT**, Orig. de Champagne.

Nicolas d'Orjault, Seig. de Coucy, demeurant à
Escordal, Elect. de Reims.

Claude d'Orjault, sieur dudit Coucy, demeurant
à Bignicourt, mesme Election.

D'or à l'Aigle de gueules.

6. **ORIGNY**, Orig. de Champagne.

Elizabeth Danneau, veuve de Claude d'Origny, Seig.
de Cormont et Chalette, Elect. de Bar-sur-Aube,
Et Samuel d'Origny son fils.

*D'argent à la Croix de sable, chargée d'une lozange
du champ.*

7. **ORIOCOURT**, Orig. de Lorraine.

Caterine de Sompsois, veuve de Gabriel d'Oriocourt, Seig. dudit lieu, Louis, Just, et Gabriel
ses enfans, demeurans à l'Eschere, Elect. de
Vitry.

*De gueules à 3. Pals de vair, au chef d'or, chargé
d'un Lion léopardé de gueules.*

PASQUIER, Orig. de Paris.

François Pasquier, sieur de la Honville.

Antoinette de Nepoux, veuve de Gilbert Pasquier, sieur de Valgrand.

Florent, François-Antoine, et Gabrielle-Anne Pasquier, ses enfans.

D'azur au Chevron d'or, accompagné de 3. Roses d'argent.

2. **PELLART**, Orig. de Beausse.

Jean de Pellart, Seig. de Servigny, et de Baricourt, Lieutenant de Roy au gouvernement du Chasteau de Sedan, Elect. de Reims.

D'argent à l'Aigle éployé de sable.

3. **PAVANT**, Orig. de Champagne.

Charles-Louis de Pavant, Seig. de la Croix, demeurant à Tanon, Elect. de Rethel.

Jean de Pavant, Seig. de Taisy.

Judith de saint Ignon, veuve de Pomponne de Pavant, Seig. de Taisy, demeurant à Vrizy.

Et Françoise de Pavant.

D'argent a 3. Fasces de gueules, au chef échiqueté d'or et d'azur de deux Traits.

4. **DU PONT**, Orig. de Brabant.

Edme du Pont, Seig. de Nuisement et de Villiers, y demeurant, Elect. de Troyes.

D'azur à l'Aigle d'or, au chef de mesme.

5. **DE PONTS**, Orig. de Champagne.

François de Ponts, Seig. de Renepont et de Bouvigny, Elect. de Chaumont.

Gaspart de Ponts, Seig. de la ville aux bois, demeurant à Troyes.

Nicolas et Gaspart de Ponts, Seig. de Renepont et de Massiges, y demeurans, Elect. de Reims.

Et Pierre de Ponts, Chevalier de Malthe.

De sable, à la bande d'argent, chargée d'un Lion de gueules, accompagnée de deux Estoilles du second.

6. **PAILLETTE**, Orig. de Champagne.

Louis de Paillette, sieur de Humbersin.

Françoise de Cola, veuve de Hierosme de Paillette, Seig. de la Motte; et Gaspart Paillette, sieur du petit Serin.

D'or à 3. Hures de Sanglier de sable.

7. **PICOT**, Orig. de Brie.

François Picot, Marquis de Dampierre, y dem., Elect. de Bar-sur-Aube.

Louis et Gilles de Picot, freres, Seig. de Beauvais, demeurans à Rumilly, Elect. de Troyes;

Et Claude de Picot, Seig. de Meurs, y demeur., Elect. de Sezanne.

D'or au Chevron d'azur, accompagné de 3. Fallots de gueules, au chef de mesme.

8. **PORCHIER**, Orig. de Limosin.

Jacques de Porchier, Seig. du Claux, demeurant à Jeremont, Elect. de Reims.

D'or à 3. hures de Sanglier de sable.

9. **PITHOU**, Orig. de Champagne.

Pierre Pithou, Seign. de Luyeres, y demeurant, Elect. de Troyes.

De vair à la Bande d'argent, accompagnée de deux cottices de mesme.

10. **PIEDEFER**, Orig. de Beauvoisis.

Alexandre de Piedefer, Seig. de S. Mards, y demeurant, Elect. de Troyes.

Echiqueté d'or et d'azur.

11. **DU PUIS**, Orig. de Barrois.

Antoine du Puis, Seig. de Valfargues, demeurant à Grand.

Roch et François du Puis, freres, Seigneurs de Lezeville, y demeurans, Elect. de Chaumont.

D'azur au chef emmanché d'or.

12. DU PUIS, Orig. de Champagne.
Gabriel du Puis, sieur d'Oniseux, demeurant à la
  Chapelle, Elect. de Chaalons; et
Jean du Puis, son frere, demeur. au Mesnil, mes-
  me Election.

De gueules au Lion d'or.

13. PETIT, Orig. de Champagne.
Simon Petit, Seig. de la Marnotte, demeurant à
  S. Beroin les Fosses, Elect. de Langres.
Gilles Petit, Seig. de Frettes.
Richard Petit, Eleu en l'Election de Langres et
Sirette le Febvre, veuve de Jean Petit.

De gueules, au massacre de Cerf d'argent, la ra-
mûre d'or.

14. PAMPELUNE, Orig. de Champagne.
Henry de Pampelune, sieur d'Assencieres, demeur.
  à Arnancourt, Elect. de Bar-sur-Aube.
Claude-Janne, et Nicolle-Marie, ses sœurs.

D'argent, à 3. Estoilles de gueules, au Croissant
d'azur en cœur.

15. PERRET, Orig. de Champagne.
Estienne Perret, Seig. de Brethenay, Conseiller
  au Presidial de Chaumont.

D'azur à la fasce d'or, accompagnée de 3. Croissans
d'argent en chef, et en pointe de 3. Trefles du 2.

16. PAYEN, Orig. de Picardie.
Hierosme Payen, sieur de S. Georges, demeurant
  à Dommely, Elect. de Reims.

De gueules, au Chevron d'or, accompagné en chef
de 2. Croissans d'argent.

17. PALLUAU, Orig. de Paris.
Pierre de Palluau, Seig. de Voüarce, demeurant
  à Troyes.

D'or, au Chevron de gueules, accompagné de trois
Aubifoings d'azur, la queuë de sinople, deux en chef,
et l'autre en pointe.

18. PINTHEREAU, Orig. de Vexin.

Jean Pinthereau, sieur de Boislisle, Receveur des Gabelles à Chaalons.

De gueules à-six Molettes d'or, posez 2. 2. et 2.

19. DE POINTES, Orig. de Champagne.

René de Pointes, sieur d'Aurosey et de Chaudenay.
François, Seig. de Pisseloup : et
Claude, Seig. de Pisseloup, demeurant Election de Langres.

D'or à trois Lionceaux de sable, couronnez d'or, lampassez et armez de gueules.

20. PILLOYS, Orig. de Vexin.

Louis de Pilloys, Seig. de Viaspre le petit, y demeurant, Elect. de Troyes, et Françoise sa sœur.

De gueules à la Croix anchrée d'argent, cantonnée de quatre Molettes de mesme.

21. POIRRESSON, Orig. de Champagne.

Claude de Poirresson, Seig. de Crespy, Conseiller du Roy et son Procureur au Presidial de Chaumont.

D'azur à 3. Pals d'or.

22. PARCHAPPE, Orig. de Champagne.

Louis Parchappe, president à l'Elect. d'Espernay.
Pierre, sieur des Corests ; et
François, sieur des Noyers, Eleu à Espernay.

D'azur au Chevron d'or, accompagné de 3. Colombes d'argent.

23. LA PLACE, Orig. de Dauphiné.

Antoine de la Place, sieur de Pocancy, demeurant à Villardoüin, Elect. de Troyes.
Nicolas de la Place, Seig. de la Haute-Maison, demeurant à Villelouvotte, Elect. de Sezanne.

D'azur à 3. Fers de Lances d'or.

24. PICART, Orig. de Picardie.

Antoine le Picart, sieur d'Ascourt, demeurant à Margerie, Elect. de Bar-sur-Aube.

D'azur, à 2. Haches d'armes passées en sautoir d'argent, et 2. Merlettes de mesme, en pointe.

25. DU PIN, Orig. de Bourgogne.

Hicrosme du Pin, sieur de Dommartin sous Hans, Lieutenant du Roy à Sainte-Manehould, Elect. de Chaalons.

De sable, à la fasce d'or, à l'Orle de six Roses de mesme.

26. DE PREZ, Orig. de Savoye.

Louis de Prez, Ministre de Chaltray, Election de Chaalons : et

Jacques de Prez, son frere.

D'or, au lion naissant de gueules, coupé d'azur.

27. LE PERRY, Orig. de Champagne.

Antoine et Pierre le Perry, sieurs de la Chauffye, et du Mesnil-Fouchart, y demeurans, Elect. de Bar-sur-Aube.

D'argent, à la Bande de sable, accompagnée de 2. Lions de gueules.

28. PINTEVILLE, Orig. de Lorraine.

Jean de Pinteville, Seig. de Moncetz et la Motte.

Claude de Pinteville, Seig. de Vaugency.

Pierre, Seig. de Cernon.

Jacob de Pinteville, Garde du Corps du Roy.

Gilles et Jean de Pinteville, demeur. à Chaalons.

D'argent au Sautoir de sable, chargé d'un Lion d'or, brochant sur le tout, armé et lampassé de gueules.

29. PICART, Orig. de Paris.

Henry le Picart de Montreüil, sieur de Sevigny.

François et Louis le Picart, freres, demeurans à Sevigny, Elect. de Reims.

D'azur au Lion d'or.

30. **PARIS**, Orig. de Champagne.
François de Paris, Seig. de Forfery, Elect. de Sezanne.

D'azur, à la Tour d'or, surmontée d'un lambel de mesme, chargée de 3. Roses du champ.

31. **PARIS**, Orig. de Champagne.
Nicolas de Paris, Seig. de Muire.
Remy de Paris, Seig. du Pasquier, demeurant à Reims.
Philippes-Hierosme de Paris, Seig. de S. Fraize, demeurant à Branscourt, Elect. de Reims.

De gueules au Sautoir dentelé d'or, accompagné de 2. quintes feüilles, l'une en chef, et l'autre en pointe, cottoyé de besans de mesmes.

32. **PINGUENET**, Orig. de Champagne.
Jean de Pinguenet, sieur Descoulons, demeurant à Chaudefontaine, Elect. de Chaalons.

D'argent au Chevron de sable, accompagné de 3. Oyes du champ.

33. **PROSPE**, Orig. de Bourgogne.
Guy de Prospe, Seig. de Fresnel, demeurant à Ville sur terre, Elect. de Troyes.

De sable, à 2. Casques affrontez, posez en écartelé d'argent, et 2. mains de carnation, mouvantes du chef, et de la pointe de l'Escu, tenantes une Palme de sinople.

34. **POUILLY**, Orig. de Lorraine.
Cesar de Poüilly, Baron de Cornay.
Charles de Poüilly, Seig. de Fleville.
Jean de Poüilly, sieur de Cornay, et
Jean de Poüilly, Seig. de Lanson, demeurans à Cornay et Fleville, Elect. de Reims.

D'argent au Lion d'azur.

35. **LA PLANQUE**, Orig. de Champagne.
François de la Planque, sieur de la Croüilliere, demeurant à Champvoisy, Elect. d'Espernay.

D'azur au Lion d'or.

36. **PORTEBIZE**, Orig. d'Anjou.

Isaac de Portebize, sieur du Bois de Soulers, demeurant à S. Phale, Elect. de Troyes.

D'azur à 5. Besans d'or, posez 2. en chef, et 2. en fasce, et 1. en pointe.

QUANTEAL, Orig. de Bourgogne.

Nicolas de Quanteal, Docteur en Medecine, dem. à Chaumont.

De gueules à la Croix d'or, chargée de 8. Lozanges du champ.

2. **QUINOT**, Orig. de Champagne.

Eustache Quinot, Avocat, Et Louis Quinot, Conseiller à Troyes.

D'azur au Chevron d'or accompagné de trois Estoilles de mesme, surmonté d'un Croissant d'argent.

RAGUIER, Orig. de Champagne.

Gaspart Raguier, Baron de Poussé, demeurant à Maizieres, Elect. de Troyes.

D'argent au sautoir de sable, accompagné de quatre Perdrix au naturel.

2. **RAULET**, Orig. de Champagne.

Claude Raulet, sieur de Soüin, et d'Yévre, y demeurant, Elect. de Bar-sur-Aube.
Pierre Raulet, sieur de Mutigny, y demeurant, El. de Chaalons.
Jean, Pierre, Jacques, et Jacquette Raulet.

D'azur au Lys au naturel d'argent, au chef d'or, chargé de 3. Tafs de sable.

3. **RAVAULT**, Orig. de Bourgogne.

Louis de Ravault, Seig. de Bercenay, demeurant
à Lasnerey, Elect. de Troyes.

François-Louis et Jacques Ravault, Edme Ravault,
Seig. de Bercenay, y demeurant El. de Troyes.

Et Elisabeth Ravault, demeurant à Bourg, mesme
Election.

D'azur à 3. Cygnes d'argent.

4. **ROMMECOURT**, Orig. d'Allemagne.

Jean-Pierre de Rommecourt, Seig. de Suzemont.

Et Antoine de Rommecourt, sieur dudit Suzemont,
y demeurant, Elect. de Vitry.

D'or à l'Ours de sable, allumé d'argent.

5. **RENART** DE FUSCHAMBERG, Orig. de Saxe.

Gobert Albert-Renard de Fuschamberg, Seig. de
Mont-Renart.

Claude, Seig. de Moucy.

Thomas-Adolphe, Seig. de Rubigny.

Jacques-François, Seig. de la Tournelle.

Claude et Thomas, Seig. d'Amblemont. Et

Charles et Albert, Seig. du Fauçon.

*D'argent au chesne dè Sinople, englanté d'or, au chef
d'azur, chargé de 3. Estoilles du Champ.*

6. **REMONT**, Orig. de Champagne.

Charles de Remont, sieur d'Arnicourt.

Hugues de Remont, Seig. de Radoüey, y demeur.

Archambaut de Remont, Seig. de l'Estanne, et de
la Hauvette, y demeurant, Elect. d'Espernay.

Anne de Caussonnier, veuve de Tristant de Remont, Seig. de Sery, demeurant à Livry, Elect.
de Reims.

Charles, Seig. d'Harzillemont, demeurant à Pro-
visy, mesme Election.

*Semé de France, au Franc-cartier d'argent, chargé
d'une Merlette de sable.*

7. **RICHELET**, Orig. de Champagne.
Jean de Richelet, sieur du Hochet, demeurant à
Corbon, Elect. de Rethel.

D'azur à 3. Barillets d'or.

8. **LE ROBERT**, Orig. de Bourgogne.
Charles le Robert, Seig. de Pancy et de Lantage
y demeurant, Elect. de Bar-sur-Aube.

*De gueules à la fasce d'argent, accompagnée de 3.
Roses de mesme.*

9. **RIMBERT**, Orig. de Picardie.
Jacques de Rimbert, Seig. d'Arreux, demeurant
à Han les Moynes, Elect. de Reims.

*D'azur à 3. Cottices d'argent, accompagnées d'une
Estoille de mesme.*

10. **REANCE**, Orig. de Gascogne.
Simonne de Laurent, veuve de Nicolas de Reance,
Seig. dudit lieu.
Claude-Antoine de Reance, son fils, Seig. d'Au-
ranville, y demeurant, Elect. de Chaumont.

D'azur à la Croix d'or.

11. **RENTY**, Orig. d'Arthois.
Jeanne Petit, veuve d'Hugues de Renty, Seig. de
Neufvillette, demeurant à Droye, Elect. de Bar-
sur-Aube, Louis et Louise de Renty.

*D'argent à 3. Douloüeres de gueules, les deux du
chef adossées.*

12. **ROUVOIRE**, Orig. de Champagne.
François de Rouvoire, sieur de Vougréy.
Jean, Gaspart, Jeanne, Claude-Charlotte de Rouvoire, demeurans à Charmey paroisse de Vougréy, Elect. de Bar-sur-Aube.

*De sable au Lion d'or, couronné et lampassé de
gueules.*

13. **LA RAMA**, Orig. de Champagne.

Charles de la Rama, Seig. de Vandieres, demeurant à Corbeille, Elect. de Bar-sur-Aube.

D'azur au Lion d'or, accompagné de cinq fers de Lances, de mesme.

14. DE RACINE, Orig. de Beausse.

Odette de Postel, veuve d'Edme de Racine, sieur de Forgirard : et

Michel de Racine, sieur dudit Forgirard, demeur. à Chaource, Elect. de Bar-sur-Aube.

D'azur à 3. mains senextres d'or.

15. RAINCOURT, Orig. de Champagne.

Charles de Raincourt, sieur de Balevre, y dem., Elect. de Rethel.

De gueules à la Croix d'or, cantonnée de 8. Billettes de mesme.

16. ROCHEREAU, Orig. d'Anjou.

Louis de Rochereau, Seig. de Hauteville, y dem., Elect. de Troyes.

D'azur à une Herce, aux pieds fichés d'or.

17. LA ROUERE, Orig. d'Italie.

Gaspart de la Roüere, Seig. de Charmoy, demeurant à Feligny, Elect. d'Espernay.

D'argent à la Croix anchrée de sable et lozangée.

18. DES REAUX, Orig. de Bourbonnois.

René des Reaux, Seig. de Coclois, y demeurant, Elect. de Troyes.

D'or au Lion de sable, à la Teste humaine de carnation de front.

19. ROUCY, Orig. de Champagne.

Salomon de Roucy, Seig. de Manre, y demeurant.

Philbert, son frere, Seig. de Marvaux.

Madelene de Constant, veuve de Philippes de Roucy.

Nicole de Tige, veuve de Salomon de Roucy, Seig. de Vieux, demeurant à Vaudieulet.

François de Roucy, Seig. de Villette : et
Robert-Hubert, de Roucy, Baron de Termes, y
demeurant, Elect. de Reims.

De gueules au Chou d'or.

20. ROUGEMONT, Orig. de Bourgogne.

Claude de Rougemont, Seig. de Chaseul.
Anne de Rougemont sa sœur, demeurante à Til-
chastel, Elect. de Langres.

D'or à l'Aigle de gueules.

21. LA ROCHETTE, Orig. de Bourgogne.

Marguerite de Beaujeu, veuve de Cesar de la Rochette, Seig. de Sarcey.
Françoise et Anne de la Rochette, ses filles, demeurantes à S. Martin, Elect. de Chaumont.

De gueules à 3. quintes feüilles d'argent.

22. RENAUT DES LANDES, Orig. de Bretagne.

Pierre de Renaut, Seig. des Landes, Comte de
Vignory,
Et Estienne de Renaut, son frere, demeurans à
Vignory, Elect. de Chaumont.

*D'argent au Sautoir de gueules, accompagné en chef
d'une Croisette de sable.*

23. RABUTIN, Orig. de Bourgogne.

Jean de Rabutin, Seig. de Selles, y demeurant,
Elect. de Rethel.

Cinq Points d'or, équipolez à quatre de gueules.

24. LE ROY DE LONGEVILLE, Orig. de Champ^e

Scipion le Roy de Longeville, sieur de Chastres,
demeurant à Landreville.
Gaspart le Roy de Longeville, sieur du petit Viaspre, y demeurant, Elect. de Troyes.
Edme le Roy de Longeville, sieur dudit Viaspre
le petit.
Nicolas, sieur dudit lieu, y demeurant.

Paul, Seig. du petit et grand Troüan, y demeur.,
  Elect. de Bar-sur-Aube; et
Anne le Roy de Longeville, demeurant à Brico la
  Ville, Elect. de Troyes.

D'azur au Chevron d'or, accompagné de 3. Mer-
lettes de mseme, au chef d'argent, chargé de 3. Gerbes
de sinople.

25. RAVIGNAN, Orig. de Champagne.
Bonnet de Ravignan, demeurant à Joucreux, El.
  de Bar-sur-Aube.

D'azur à 2. Espées passées en sautoir d'argent, les
pointes en bas, la garde et la poignée d'or.

26. RAVENEL, Orig. de Picardie.
Edmond de Ravenel, Marquis de Sablonniere,
  Seign. de Verdelot et de Vindé, y demeurant,
  Elect. de Sezanne.

De gueules à 6. Croïssans d'or, posez 2. 2. et 2.,
surmontez chacun d'une Estoille de mesme, et une autre
Estoille en pointe, aussi d'or.

27. RICHEBOURG, Orig. de Champagne.
Georges de Richebourg, sieur de Poüan, y dem.,
  Elect. de Troyes.

D'argent à la Bande de gueules.

28. LA RUE, Orig. de Limosin.
Georges de la Ruë, sieur d'Ormoy, y demeurant,
  Elect. de Bar-sur-Aube.
René, sieur de Fresnoy, son frere.
Jean de la Ruë, Seig. de Fresnoy, demeurant à
  Ville sur terre, Elect. de Troyes; François, Jo-
  seph, et Louise de la Ruë, ses enfans.

D'azur au Chevron d'or, accompagné de 3. Lozan-
ges d'argent.

29. LA RIVIERE, Orig. de Champagne.
Jean de la Riviere, sieur de Valcontant, y dem.,
  Elect. de Reims.

D'azur au Chevron d'or, à 3. Anneaux de mesme.

SAVIGNY, Orig. de Lorraine.

Antoine - Saladin d'Anglure du Bellay de Savigny, Comte d'Estoges.

Marc-Antoine Saladin d'Anglure du Bellay de Savigny, Marquis du Bellay.

Charles - Nicolas d'Anglure de Braux de Savigny, Marquis et Baron d'Anglure.

Claude-François d'Anglure de Savigny, receu Chevalier de Malthe, demeurans à Estoges, Elect. de Chaalons.

*Ecartelé au 1. d'*ANGLURE, *d'or semé de Grillots d'argent, soûtenus de Croissans de gueules. Au 2.* DE SAVIGNY, *de gueules à trois Lions couronnés d'or. Au 3.* DE CHASTILLON SUR MARNE, *de gueules à 3. Pals de vair, au chef d'or, chargé d'une Merlette de sable. Et au 4.* DU BELLAY D'ANJOU, *d'argent à la Bande fuzelée de gueules, accompagnée de 6. fleurs de Lys d'azur mises en Orle.*

2. **SANGLIER**, Orig. de Poitou.

Jean de Sanglier, Seig. de la Fontaine, demeurant à la Brau, Paroisse de Chavanges, El. de Troyes.

D'argent, au Sanglier de sable, au chef d'azur, chargé d'un Croissant du champ, accosté de deux Estoilles d'or.

3. **SALUCE**, Orig. du Marquisat de Salusses.

Charles de Saluce, Seig. de Champetin en Brye, y demeurant, Elect. de Sezanne.

Charles de Saluce le jeune, sieur des Fossez. Et François de Saluce, Seig. de Bailly, El. d'Epernay.

D'argent au chef d'azur.

4. **SOMPSOIS**, Orig. de Champagne.

Jacques de Sompsois, sieur de Chanteraine y demeurant, Elect. de Chaumont.

Jean de Sompsois, sieur de Montceaux, Election de Troyes.

D'azur au Chevron d'or, accompagné de 3. testes de Gerfaut de mesme.

5. **SERPES**, Orig. de Champagne.

Charles-Estienne de Serpes, sieur d'Escordal.

Jean, sieur de Neufville, son frere, demeurant à Mertrus, Elect. de Vitry.

Marie des Laires, veuve de Valentin de Serpes, sieur de Leuze.

Joachim-Christophe, et Jean-Baptiste de Serpes, sieur de Montharderet, ses enfans.

D'argent au Pal de gueules, chargé de trois Chevrons d'or.

6. **SAHUGUET**, Orig. de Navarrin.

Daniel de Sahuguet, Seig. de Termes, demeurant à Sedan.

De gueules à 2. Espées d'or, les pointes en bas, accompagnées en chef d'une Coquille d'argent, et en pointe d'un croissant de mesme.

7. **DE SAUX**, Orig. de Champagne.

Edme de Saux, sieur d'Arrentieres et Engente, y demeurant.

Jean de Saux, sieur dudit Arrentieres, y demeurant, Elect. de Bar-sur-Aube.

D'azur au Lion d'or.

8. **SANDRAS**, Orig. de Champagne.

Louis de Sandras, Seig. du Metz, demeur. à Reims.

D'argent à 3. Charbons de sable, ardens de gueules.

9. **SAILLANS**, Orig. de Provence.

Ferry de Saillans, sieur du Hamel et d'Herbigny, y demeurant, Elect. de Reims.

Vairé d'or et d'azur, à une Bande de gueules, brochant sur le tout.

10. **SALSE**, Orig. de Catalogne.

Levi et Pierre de Salse, sieurs de Dommely, demeurans à Son, Elect. de Rethel.

D'azur au Lion d'or, couronné, lampassé et armé de gueules.

11. **SORNY, Orig. de Picardie.**
Jeanne de Champagne, veuve de Charles de Sorny, sieur des Greslets, y demeurante, Elect. d'Espernay, et
Scipion de Sorny, son fils.

De gueules à 3. Coutres d'argent, posez en pal.

12. **SONS, Orig. de Picardie.**
Louis de Sons, Seig. de Pommery et de Montfauxel, y demeurant, Elect. de Reims.

De gueules, fresté d'or, au franc-cartier d'azur, chargé d'une Anille d'argent.

13. **SAUCIERES, Orig. de Champagne.**
François de Saucieres, Baron de Thenances lez Moulins, y demeurant, Elect. de Chaumont.

De gueules au Lion d'or.

14. **SEROCOURT, Orig. de Lorraine.**
Georges, baron de Serocourt.
François de Serocourt, Seig. d'Ourches, y dem., Elect. de Chaumont.

D'argent, à la Bande de sable, accompagnée de 7. Lozanges de mesme, 4. en chef et 3. en pointe.

15. **SOISSONS, Orig. de Champagne.**
Gabrielle de Valancé, veuve de François de Soissons, sieur d'Ormery, demeurante à Villeneuve la Lionne, Elect. de Sezanne.
Jean et Christophe de Soissons, ses enfans.

De sable, à 2. Bandes cotticées d'argent, accompagnées de 2. Bezans de mesme.

16. **SUGNY, Orig. de Champagne.**
Louis de Sugny, Vicomte dudit lieu y demeurant.
Valentin, sieur de Contreves, y demeurant, Elect. de Rethel.
Et Charles, sieur de Sainte Marie, demeurant à Bruyere, Elect. de Reims.

De sable à un Ecusson d'argent, au Baston écosté de mesme, brochant sur le tout.

17. **SOUFFLIER**, Orig. de Champagne.
Jerosme Soufflier, sieur de Broussy le petit, y de-
meurant, Elect. de Sezanne;
Roland Soufflier, sieur du Clos.

*D'azur au Chevron d'argent, accompagné de trois
Soucis d'or doubles, deux en chef et un en pointe.*

18. **S. SAUFLIEU**, Orig. de Picardie.
Louise Oudinet, veuve d'Antoine de S. Sauflieu,
Seig. de Chastelier.

*D'azur à la Croix d'or, cantonnée de 14. Croisettes
de mesme, posées 4. 4. 3. et 3.*

19. **DU SART**, Orig. de Valois.
Guillaume du Sart, Seig. de Germaincourt; et
Charles de Germaincourt son fils, demeurant à la
Grange-Robert, Elect. de Vitry.

De gueules à la Bande vivrée d'argent.

20. **SOULAIN**, Orig. de Normandie.
Jean Soulain, Seig. des Violaines, demeurant à
S. Martin d'Amblais, Elect. d'Espernay.

*D'azur, au Chevron d'argent, accompagné de deux
Estoilles d'or en chef, et d'un croissant d'argent en pointe.*

21. **SIMONY**, Orig. de Lorraine.
Chrestien Simony, sieur de Germainvilliers, demeurant à Betincourt, Elect. de Chaumont.

*Ecartelé au premier d'or. Au 2. de gueules à l'Es-
toille d'or. Au 3. d'azur. Au 4. d'argent, à la Croix
de sinople, brochant sur le tout.*

22. **SAVIGNY**, Orig. de Champagne.
Antoine de Savigny, Seig. dudit lieu, Elect. de
Rethel; et Philbert son frere.

*Gironné de 12. pieces d'azur et d'or, à l'Ecusson en abî-
me de gueules, chargé d'une Bande en devise d'Hermines.*

23. **SCHULAMBERG**, Orig. d'Allemagne.
Jean de Schulamberg, Comte de Montjeu, Mareschal
de France, Et

Philippes de Schulamberg, veuve de Jean de Roland, Seig. de Singlis, demeurant à Binarville,
Elect. de Reims.

De sable, à 4. Espées d'or en chef, coupé d'azur.

24. **DES SALLES**, Orig. de Bearn.
François des Salles, Baron de Rorlay, Gouverneur
de Vaucouleurs, demeurant à Malpierre, Elect.
de Chaumont.

D'argent à la Tour donjonnée de sable.

25. **SOISSY**, Orig. de Champagne.
Jacques de Soissy, Seig. des Marests; et
Alexandre, Seig. des Bordes, demeurant à Songny,
Elect. de Sezanne.

*De gueules, à la Croix de sable, chargée de cinq
coquilles d'or, posées 1. 3. et 1.*

26. Sᴛ. **AVY**, Orig. de Berry.
Louis et Henry de S. Avy, sieurs d'Aiguemortes,
demeurans à Reims.

*D'azur à 3. Fasces d'argent, et 3. Besans de mesme
en chef.*

27. **SACQU'ESPÉE**, Orig. de Picardie.
Louis de Sacqu'espée, sieur des Coulons, et de
Voipreux, y demeurant, Elect. de Chaalons.

*De sinople, à une Aigle d'or, semblant tirer avec
son bec une Espée hors du foureau, ladite Espée d'argent, le foureau de sable, la garde et la poignée d'or,
posée en bande.*

28. Sᴛ. **VINCENT**, Orig. de Basque.
Philbert de S. Vincent, Seig. de Signeville, et de
la Tour de Narcy, y demeurant, Election de
Vitry;
Joachim de S. Vincent, sieur de Narcy, demeurant
à Ville aux bois, Elect. de Bar-sur-Aube.

*D'or, à une Vache de gueules, accollée et clarinée
de sable. Au canton senestre d'azur, chargé d'une croix
potencée d'or. Ecartelé d'or à une cloche de gueules.*

29. St. VINCENT, Orig. de Basque.

Jean de S. Vincent l'aisné, sieur de Lestannes.

Jean de S. Vincent le jeune, sieur de la Neufville.

Henry, sieur de Poüilly : François, sieur de Vincy;
et Marie de S. Vincent, demeurans à Lestannes,
Elect. de Reims.

D'azur au Lion d'or.

30. St. BLAISE, Orig. de Champagne.

Jacques de S. Blaise, Baron de Changy, y demeurant, Elect. de Vitry.

D'azur à la pointe de giron d'argent.

31. St. BELIN, Orig. de Champagne.

Gabriel de S. Belin, Comte de Biesles.

Marie Canelle, veuve de Nicolas de S. Belin, Seig.
de Vaudremont; et

Charles de S. Belin, son fils.

D'azur à 3. Testes de Belier, d'argent.

32. St. QUENTIN, Orig. de Champagne.

Claude de S. Quentin, Seig. de la Cour de Terrier, demeurant à Omont, Elect. de Rethel, qui a
fait sa Genealogie separée de celle de

Charles de S. Quentin, sieur de Son.

Philippes de la Marre, veuve de Claude de Saint
Quentin, et Antoine son fils.

D'azur, à la Fasce d'or, chargée d'une souche de
bois de gueules, accompagnée en chef de 3. Molettes, du
second.

33. St. PRIVÉ, Orig. de Champagne.

François de S. Privé, sieur d'Arigny.

Margueritte Moreau, veuve de Louis de S. Privé,
gardienne Noble de ses douze enfans demeurans
à Arigny, Elect. de Troyes; et

Henry de S. Privé, sieur dudit Arigny, et des
petites Costes, demeurant à Giffaumont, Elect.
de Bar-sur-Aube.

D'argent, au Sautoir de gueules, dentelé de sable;

34. SOMMIÉVRE, Orig. de Champagne.

Pierre de Sommiévre, Comte de Lignon, et Charles son fils.

Charles, sieur de Bussy, et Jeanne sa sœur.

Bernard de Sommiévre, sieur de Montbras.

*D'azur à 2. Massacres de Cerf d'or, posez l'un
sur l'autre.*

TRESTONDAN, Orig. de Bourgogne.

Georges-Benigne de Trestondan, Baron de Percey,
y demeurant, Elect. de Langres.

*D'azur à 3. Chevrons d'or en Bande, cottoyez de
2. Cottices de mesme.*

2. DU THYSAC, Orig. de Lorraine.

Jean-Baptiste du Thysac, Seig. de la Rothiere,
demeurant à Langres.

D'azur à 3. Glands renversez d'or.

3. TOURNEBULLE, Orig. d'Ecosse.

Louis de Tournebulle, Seig. de S. Lumier et de
Scru, y demeurant, Elect. de Vitry; et

Caterine de Tournebulle sa tante, veuve d'Edmond
de Thomesson, sieur de Remennecourt, qui ont
fait leur Genealogie separée de celle de

Jean-Philippes de Tournebulle, Seig. de Bussy et
de Villiers le secq, y demeurant, Election de
Chaalons.

D'argent à 3. testes de Buffles de sable.

4. THOMASSIN, Orig. de Champagne.

Nicolas Thomassin, sieur de Fresdeau, Bailly de
Joinville, y demeurant, Elect. de Vitry.

François Thomassin, son fils.

Anne Thomassin, veuve de René le Clerc, sieur
de la Mothe, demeurante à Joinville.

Perrin Thomassin, sieur de Maizieres, y dem. et

Jean-Baptiste Thomassin, sieur de la Neufvelle, demeurant à Joinville.

D'argent, au Pin de sinople, surmonté d'une Merlette de sable.

5. TERUUELLES. Orig. d'Allemagne.
Jean-Ernest de Terruuelles, Seigneur d'Estrepigny, y demeurant, Elect. de Rethel.

Ecartelé au premier et dernier d'or, d'une branche de Chesne englantée de gueules, coupé de sable à une Couronne d'or. Au 2. et 3. d'azur, à 3. Trefles d'argent.

6. TRUC. Orig. de Salusses.
Claude Truc, Seigneur d'Omey.
Pierre, et Louis Truc, ses freres, dem. à Chaalons.

D'azur, au Croissant d'argent surmonté d'une Estoille d'or accompagné de trois Palmes de mesme.

7. THANNOIS. Orig. de Verdunois.
Philippes de Thannois, Seigneur de Louvercy ; et Jacques de Thannois, sieur de la Motte Attancourt.

D'azur à trois bandes d'or.

8. THELIN. Orig. d'Auvergne.
Gabriël de Thelin, Seigneur de Gumont, y demeurant, Elect. de Vitry.

D'azur, au Chevron d'or, accompagné de 3. Plantes de lin au naturelle.

9. LA TRANCHÉE. Orig. de Picardie.
Christophe de la Tranchée, Seigneur de Savigny ; et Jean de la Tranchée, son fils, demeurant à Savigny, Elect. de Rethel,

D'azur, au Chevron d'argent, accompagné de trois Fleurs de Lys d'or.

10. TASSIN. Originaire de Brye.
Claude de Tassin, Seigneur des deserts ; et Jean de Tassin, son frere, sieur de Montceaux.

De gueules, au Soleil d'or, accompagné en chef de 4. grains de froment d'argent, et en pointe d'un Croissant de mesme.

11. LA TOUR. Orig de Champagne.

François de la Tour, Seigneur de Pierrefontaine, dem. à Thin le Montier, Election de Rethel ; et Henry de la Tour, sieur de Mogville, demeurant à Courcelle, Paroisse dudit Thin.

D'azur, au Cygne d'argent.

12. TRISTAN. Orig. de Champagne.

Barthelemy Tristan, Seigneur de Caumont ; et Pierre Tristan, sieur de Nauroy, demeurans à Muyson Election de Reims.

D'azur, à la Fasce d'or, accompagnée en chef de 3. Estoilles de mesmes, et en pointe de 3. Roses d'argent.

13. TROUSSET. Orig. de Cambresis.

Eustache du Trousset, Seigneur de Renoncourt, demeurant à Guichaumont, Election de Vitry.

De Sinople, au Lion d'or armé et lampassé de gueules.

14. DE TANCE. Originaire d'Italie.

Antoine, Louis, Margueritte, Marie et Edmée de Tance, Enfans de Juste de Tance, Seig. de Villé aux Bois ; et de Charlotte de Montbelliard, demeurant audit Villé aux Bois, Election de Bar-sur Aube.

Guy de Tance, Seig. de Frampas, demeurant aux Salles, mesme Election.

D'azur à trois Espics d'or.

15. THOMAS-DU-VAL Orig. de Champagne.

Barbe Petithon, veuve de Pierre Thomas-du-Val, Michel et Louise ses enfans.

D'azur à deux Chevrons d'or, accompagnez de trois Merlettes de mesme, 2. en chef, et une en pointe.

———————

V AUDREY. Orig. de Bourgogne.

Charles-Louis-Anne de Vraudrey, Marquis de S. Phalle, y demeurant, Election de Troyes.

Emmanché de gueules, et d'argent.

2. VIEILSMAISONS, Origi. de Picardie.

Antoine de Vieilsmaisons, sieur de S. Bon, y demeurant, Election de Sezanne.

Lozangé d'argent et d'azur, au chef de gueules.

3. VILLIERS, Orig. de Bourgogne.

Claude de Villiers, Sieur de Galilée, et de Laines aux bois, y demeurant, Election de Troyes.

D'azur, à trois Croissans d'argent.

4. VILLIERS, Orig. de Champagne.

François de Villiers, sieur de Bailla, y demeurant, Election de Rethel ; et
Louis, sieur de Corbon, y demeurant mesme Elect.

Semé de France.

5. VILLIERS, Orig. de Champagne.

Antoine de Villiers, sieur de Barbaise, y demeurant, Elect. de Rethel.
Robert de Villiers, son frere, demeurant à Sauce-Champenoise, Elect. de Reims, et
Antoine de Villiers, sieur de Barbaise y demeur. Elect. dudit Rethel.

De sable semé de Fleurs de Lys d'argent.

6. VIGNOLLES, Orig. de Soissonnois.

Antoine Vignolles, sieur d'Hursel, demeurant à Cruny, Elect. de Reims.
Jean, sieur de S. Mars, demeurant à Selles, El. de Rethel.

D'azur à la Bande d'argent, chargée de 3. coquilles d'or.

7. VASSIGNAC, Orig. de Limosin.

Gedeon de Vassignac, sieur d'Imecourt.
Louis de Vassignac, Seig. des Loges, Elizabeth et Olympe de Vassignac, leurs sœurs.

D'azur à la Bande d'argent, consue de sable.

8. **LA VEFVE**, Orig. de Champagne.

Louis-Henry de la Vefve, sieur de Metiercelin, y demeurant, Elect. de Bar-sur-Aube. Et

Charles de la Vefve, son frere, sieur de Sompsois, y demeurant, mesme Election.

D'argent, à la teste de Buffle de gueules, bouclée de sable, chacune des cornes surmontées d'une Estoille de gueules.

9. .**DE VERGEUR**, Orig. de Champagne.

Claude de Vergeur, Seign. d'Acy, y demeurant, Elect. de Rethel.

Marie de Mainville, veuve de Guillaume de Vergeur, Comte de S. Souplet y dem., Elect. de Reims.

D'azur à la Fasce d'argent, chargée de 3. Mouchetures d'Hermines de sable, accompagnées de 3. Etoilles d'or, couronnées de mesme.

10. **VAUCLEROIS**, Orig. de Brye.

Charles de Vauclerois, Seig. de Courmas, y demeurant, Elect. de Reims.

Pierre-Ernest de Vauclerois, Seig. de la Ville aux bois, y demeurant, mesme Election.

D'argent, à l'Anille de sable.

11. **VILLEMOR**, Orig. de Champagne.

Charlotte de Roffey, veuve de Louis de Villemor, Seig. de Cranné, demeurante à Fontvannes, El. de Troyes; et

Joseph de Villemor, sieur de la Denisiere, dem. à Villemor, mesme Election.

D'azur à une ramûre de Cerf d'or surmontée d'une Molette de mesme.

12. **VERNEUIL**, Orig. de Champagne.

Gaspart de Verneüil, Seig. du Plessis et d'Orcont.

Nicolas, Jean, Edmée, et Louise de Verneüil, demeurans à Orcont, Elect. de Vitry.

Elizabeth Peley, veuve de Sebastien de Verneüil, et Sebastien, son fils, demeurans à S. Nabor, Elect. de Troyes.

D'azur au Lion d'or, couronné et armé de gueules.

10*

13. **VIGNIER**, Orig. de Bourgogne.

Louis Vignier, Marquis de Ricey, Abel-Jean Vignier, son frere, sieur de Hauterive.

Estienne Vignier, Seig. de Chamblain, et de S. Usage, y demeurant, Elect. de Bar-sur-Aube, et Pierre Vignier, son fils.

D'or au chef de gueules, à la Bande componée d'argent et de sable, brochant sur le tout, à la bordure de France.

14. **LA VIENNE**, Orig. de Champagne.

Robert de la Vienne, Seig. de Minecourt, y demeurant, Elect. de Vitry.

De gueules, au Chevron d'or, surmonté d'un Croissant d'argent, accompagné de 3. Merlettes de sable.

15. **VENOIS**, Orig. de Normandie.

Louis de Venois, sieur d'Ourches, y demeurant, Elect. de Chaumont.

D'or à 6. Lys de sable, 3. 2. et 1.

16. **VARISQUE**, Orig. de Champagne.

Louis de Varisque, Seig. de Beauregard, demeurant à Louze, Elect. de Bar-sur-Aube.

Louis, François, et Charlotte de Varisque, demeurans audit Louze.

D'azur, à deux Chevrons d'or accompagnez de 3. Estoilles de mesme.

17. **VASSAN**, Orig. de Soissonnois.

Nicolas, Joachim, et Edme de Vassan, Seign. de Crespy, demeurans à la Chapelle, Election de Chaumont. Et

Jean de Vassan, sieur de Mutigny, President en l'Election de Chaalons y demeurant.

D'azur au chevron d'or accompagné de deux Roses d'argent en chef, et d'une Coquille de mesme en pointe.

18. **VIGNANCOURT**, Orig. de Picardie.

Charles, Antoine, et Robert de Vignancourt, sieur de Warnecourt, y demeurant, Elect. de Rethel.

Bonne de Tige, veuve de Jean de Vignancourt.
Daniel, Antoine, et Robert de Vignancourt, ses
enfans, demeurans audit Warnecourt.

> *D'argent, à 3. Fleurs de Lys de gueules.*

19. DU VAL, Orig. de Champagne.
Pierre du Val, Seig. de Mornay, y demeurant,
Elect. de Langres.

> *D'azur, à la Bande d'argent.*

20. DU VAL, Orig. de Champagne.
Salomon du Val, sieur de Recoude.
Jacques du Val, sieur de Mornay.
Pierre du Val, sieur d'Ongues.
Elizabeth du Val, fille d'André du Val, sieur de
Desirée. Et
Louis du Val, sieur de Charmesseaux.

> *D'azur, à une Fasce d'argent.*

21. DU VAL-DAMPIERRE, Orig. d'Ecosse.
Henry du Val, Comte de Dampierre le Chastel,
demeurant à Han, Elect. de Chaalons; Et
Charles du Val, son frere.

> *De gueules, à la teste de Licorne d'argent.*

22. VEILLART, Orig. de Normandie.
Moyse de Veillart, Seig. de Sainte Vertu.
Gaspart de Veillart, sieur dudit Sainte Vertu, de-
meurans à Vexaulles, Elect. de Langres; Et
Nicolas de Veillart, sieur d'Osches, y demeurant,
Elect. de Troyes.

> *D'azur au Sautoir d'or, accompagné en chef d'une
> hure de Sanglier de sable, et de 3. besans d'argent, 2.
> en flanc, et 1. en pointe.*

23. VAIVRE, Orig. de Bourgogne.
Madelene le Gruyer, veuve d'Alexandre de Vaivre,
Seig. de Fontaine, y demeurant, Elect. de Bar-
sur-Aube, François et Charles de Vaivre ses
enfans.

> *D'argent au Sautoir de sable, chargé de 5. Macles d'or.*

24. **VIENNE GIROSDOT**, Orig. de Champagne.

Louis de Vienne, sieur des Girosdots, Lieutenant particulier à Troyes.

Louis de Vienne, sieur de Rochetaliere, demeurant à Troyes; et

Antoine de Vienne, sieur de Presles.

D'argent, à l'Aigle éployé de sable.

25. **VIENNE-D'OUTREVAL**, Orig. de Valois.

Hierosme de Vienne, Seig. d'Outreval, demeurant à Marneault, Elect. de Reims; Et

Louis de Vienne son neveu, demeurant à Pierrefonds.

Marie de la Riviere, veuve d'Antoine de Vienne.

De gueules, à l'Aigle d'or.

26. **VILLEPROUVÉ**, Orig. d'Anjou.

Odart et Louis de Villeprouvé, demeurans à Troyes.

De gueules à la bande d'argent, accompagné de deux cottices d'or.

27. **VILLIERS**, Orig. de Lorraine.

Margueritte de Creange, veuve d'Alexandre de Villiers, sieur dudit lieu, demeurante à Boureüille, Elect. de Chaalons.

De gueules à la fasce d'argent, accompagnée de 3. Anneaux de même.

28. **VERRINES**, Orig. de Champagne.

Madelene et Anne de Verrines.

D'azur au Chevron d'argent, accompagné de deux Perdrix d'or en chef, et d'un Mouton d'argent en pointe.

29. **VILLELONGUE**, Orig. de Champagne.

François de Villelongue, Prestre, Chanoine et Doyen de l'Eglise Collegialle de S. Pierre de Maizieres, y demeurant.

Jean de Villelongue, Seig. de Guignicourt, demeurant à Nouvion, Elect. de Rethel.

Pierre de Villelongue, sieur de Vantelet, y dem. Elect. de Reims.

Antoine de Villelongue, Seig. de Nouvion, y demeurant, Elect. dudit Rethel, qui ont fait leur
Genealogie separée de celle de

Jean de Villelongue, sieur de Remilly, demeurant
à Vuasigny, Elect. de Reims, qui a encore fait
sa Genealogie separée de celle de

Pierre de Villelongue, Seign. de Chevrieres, demeurans à S. Martin prez Nouvy les Moynes,
Elect. de Rethel.

Et Jean, son frere, demeurant à Arnicourt.

Henry, sieur de Monchoüet, y demeurant, Elect.
dudit Rethel.

*Escartelé au premier et 4. d'argent, au Loup de
sable. Au 2. et 3. d'azur à la gerbe d'or.*

30. VITEL, Orig. de Champagne.

Jean de Vitel, sieur de Villemoyenne, y demeur.,
Elect. de Troyes.

Et Philippes, sieur de Precy Nostre - Dame, demeurant à Peleder, mesme Election.

*D'azur au Chevron d'or, accompagné de 3. Roses
de mesme.*

31. VEYNE, Orig. de Champagne.

Jacques de Veyne, sieur de Villiers le Tourneur,
y demeurant, Elect. de Reims.

De gueules à deux Chevrons echiquetés d'or et de vair.

32. VUARIGNY, Orig. de Champagne.

Jean de Vuarigny, Vicomte dudit lieu, demeurant
à Escordal, Elect. de Rethel.

D'argent à trois hures de Sanglier de sable.

33. VERRIERES, Orig. de Champagne.

Jean de Verrieres, Seig. de la Forge Maillart, y dem.

Pierre de Verrieres, sieur d'Harmonville.

Robert de Verrieres, sieur d'Afleville.

Roch de Verrieres, sieur de Meligny, et

Jeanne de Verrieres leur sœur, dem. El. de Reims.

*De gueules au chef d'argent, chargé de trois An-
nelets du champ, accostés de 4. mouchetures d'Hermines*

Y (D') DE SERAUCOURT, Orig. de Picardie.

Antoine d'Y, Seig. de Seraucourt, Lieutenant Criminel à Reims.

D'azur à trois Chevrons d'or.

Et outre les dénommez ci-dessus qui Nous ont produit leurs Genealogies imprimées, Nous aurions encores declarez Nobles les dénommez cy-aprés.

GREFFIN.

Antoine de Greffin, Seig. des Fourneaux, demeurant à Marsault, prés Maizieres, El. de Rethel.

D'azur, au Chevron d'or, accompagné de trois Estoiles de mesme; Au Chef d'or, chargé d'une branche de Chesne englantée de sinople.

JOIBERT, Orig. de Champagne.

Jacques Joibert, sieur d'Aunay.

Marie Linage, veuve de Michel Joibert, Seig. de Soulange, et Claude, son fils; Madelene, Pierre-Claude, Jacques, Marie, Margueritte, et Anne Joibert, demeurans, Elect. de Vitry.

D'argent, au Chevron d'azur, surmonté d'un Croissant de gueules, accompagné de trois Roses de mesme.

DU LYON, Orig. de Bourgogne.

Claude du Lyon, sieur de Rochefort, y demeurant, Elect. de Chaumont.

D'or, semé de Croisettes de sable, au Lion de mesme, armé et lampassé de gueules.

DES MOREL.

Jean-Louis des Morel-de-Monteval, Seig. de Mauvage, en partie, y demeurant, Elect. de Chaumont.

De gueules, au Chasteau d'argent.

MERBRICH.

Jacques de Merbrich, sieur de Cheveuge, demeurant à la Queuë aux bois, Elect. de Troyes.

NUISEMENT.

Henry de Nuisement, sieur de Dommartin, dem. à Salnove, Elect. de Reims.

SACQU'ESPÉE, Orig. de Picardie.

Jacques de Sacqu'Espée.

De sinople à un Aigle d'or, semblant tirer avec le bec une espée hors du fourreau, ladite espée d'argent, le fourcau de sable, la garde et la poignée d'or, posée en bande.

VALLEROT.

Claude Vallerot, sieur de Flameran, demeurant à Issome, Elect. de Langres.

CABROL.

Jean de Cabrol, sieur de Gaillot, demeurant à Juniville, Elect. de Reims.

D'ANGLAS.

Antoine et Alexandre d'Anglas, freres, sieurs de Boifray, demeurant à Bailleux, Elect. d'Espernay.

D'or, au Levrier de sable, accolé d'argent.

LE BLANC, Orig. de Champagne.

Estienne le Blanc, sieur des Coulons, Elect. de Chaalons.

D'argent, au Chevron de sable, surmonté d'un Chef d'azur, chargé de trois besans d'or.

GUERIN, Orig. de Bretagne.

Jean de Guerin, Seig. de Champvoisy,. y demeurant, Elect. d'Espernay.

Jean de Guerin, Seig. de Bruslard, demeurant à Igny le Jard.

Et Gaspart de Guerin, Seig. de Sauville, demeurant à Marsault, Elect. de Reims.

D'or, à trois Lionceaux de sable, couronnez, lampasez et armez de gueules.

COMME AUSSI Nous aurions declaré Nobles Jean d'Autigny, sieur de Vieux Dampierre, demeurant à Malancourt, Election de Chaalons; Pierre d'Aoust l'aisné, et Pierre d'Aoust le jeune, sieur de Coolus; Charles et François Clement, sieurs de l'Espine et de Melette; Claude de Bar, sieur de Velie; et Hugues et Pierre de Contet, sieurs d'Aunay sur Marne; Lesquels ayant esté depuis réassignez pardevant Nous à la Requeste du Procureur du Roy et dudit Vialet, sur dérogeances nouvellement découvertes; NOUS AURIONS Ordonné que nos Jugements seroient rapportez, avec deffenses de s'en ayder, jusques à ce qu'il ayt plû au Roy les relever desdites dérogeances.

COMME AUSSI Nous aurions declaré Nobles, Claude et François Cabaret, sieurs de la Croüilliere; Jacques et Marcq-Antoine Guillemin, Lesquels ayant esté réassignez sur pieces nouvellement recouvrées, contre leur Noblesse, aprés plusieurs inscriptions de faux et procedures faites en consequence, Nous aurions renvoyé les parties au Conseil.

NOUS Aurions aussi declaré Nobles Ignace, Nicolas, Cosme - François, et François Linage le jeune, sieurs de S. Marc, Claude, sieur de Marson, Jean et Nicolas Linage, sieur de Morains; Simon Liboron; François Papillon, sieur de Couvrot, Margueritte Fasgnier, veuve de Samuël Papillon, Claude Papillon, sieur de S. Martin aux champs, Claude Lefevre, veuve de Cesar Papillon, Sieur de S. Martin aux champs, Claude Lefevre, veuve de Cesar Papillon, Marie et Madelene Papillon; Lesquels ayant esté aussi réassignez sur plusieurs pièces nouvellement découvertes, concernant l'origine de leurs Familles; Nous aurions Ordonné que nos Jugemens seroient rapportez, et iceux condamnez comme Usurpateurs de Noblesse.

ET comme les surséances que Sa Majesté a accordées à divers particuliers qui servent dans

ses Troupes, et les emplois qu'elle Nous a don-
nez hors de la Province, speciallement l'Inten-
dance de son Armée, ne Nous ont pas permis
de pouvoir juger toutes les instances de Noblesse,
que l'on avait commencé d'instruire pardevant
Nous, il aurait esté rendu un Arrest general au
Conseil le 18 Decembre 1670, portant que toutes
les instances concernant la recherche des Usurpateurs du Titre de Noblesse, instruites et en état
de juger dans les Provinces, seroient évoquées
et terminées au Conseil au rapport des Sieurs
Commissaires generaux à ce députez, lequel Arrest
ayant fait cesser ladite recherche dans les Provinces, Nous aurions clos et arresté nostre dit
Procés verbal, le dernier Decembre mil six cens
soixante-dix.

Et depuis le present Procès verbal clos et
arresté, Claude Berbier du Metz, Lieutenant de
l'Artillerie, Gedeon Berbier du Metz, Tresorier
des revenus Casuels de Sa Majesté, Louis Berbier
du Metz, Abbé Commendataire des Abbayes de
Saint Martin d'Huiron, et de Ste. Croix, et Jacques Berbier sieur de S. Remy, Nous ont repre-
senté l'Arrest du Conseil, en datte du 2. Avril
1672, qui les a maintenus en leur Noblesse, et
ordonné qu'ils seront inscrits dans le Catalogue
des Gentils-hommes de cette Province, auquel ils
ont joint la Genealogie par eux produite au Conseil. Fait à Chaalons, le dix-septiéme jour d'avril
mil six cent soixante-douze.

Signé, LE FEVRE DE CAUMARTIN.
Et plus bas, Par Monseigneur, BEAUPERE.

LA GÉNÉRALITÉ

DE CHAMPAGNE,

En 1735.

D'après le dénombrement du royaume publié par un sieur SAUGRAIN en 1735, imprimé en deux volumes in-4°, la France était divisée en généralités et élections. La province de Champagne comptait 12 Elections et la frontière de Sedan, savoir:

NOMS DE CHAQUE ÉLECTION.	PAR CHAQUE ÉLECTION NOMBRE DE	
	PAROISSES.	FEUX.
Chaalons,	177	14512
Rethel,	223	14690
Sainte Manehould,	120	9642
Vitry,	159	12916
Joinville,	101	8229
Chaumont,	133	7942
La Prevosté de Vaucouleurs,	20	1240
Langres,	308	19402
Bar sur Aube,	184	13031
Troyes,	248	21789
Epernay,	86	8957
Sezanne en Brie,	73	5131
Reims,	366	34604
Sédan, Raucourt et St-Manges.	24	2491
Souveraineté de Château-Regnault	17	986
Ville et Prevosté de Mouzon,	11	1053
La Ville Franche,	1	
Communautez non sujettes à la subv.	1	638
TOTAL............	2252	177253

GÉNÉRALITÉ DE CHAMPAGNE.

ELECTION DE CHALONS. (*)

Nombre de feux.		Nombre de feux	
Aigny.	74	Bussy le Repos.	71
		Bussy Lestréc.	125
Alliancelles.	99		
Avize, *Bourg*.	246	Cauroy.	55
Aunay aux Planches.	41	Cernon.	36
Aunay sur Marne.	50	CHAALONS, *Ville, Comté-Pairie, Evêché, Bureau des Finances, Bailliage, Présidial, Juges-Consuls, Grenier à Sel, 5. grosses Fermes, Bureau du Tabac, Maréchaussée, 4 Casernes. 36 lieues.*	2800
Bailly et la Folie, *autrement dit* La Madelaine et le Plessis, *hameaux dépendans de la Paroisse de Vertus.*	5		
Bannes.	68		
Baye et la Paroisse. *La Paroisse n'est qu'une simple dénomination.*	134	Chaintry et le Hameau de Balossière.	15
Beaunay.	52	Chaltray.	21
Bellay, *Ferme.*	1	Champagne.	14
Belval. La Ferme de Vaussonnet. Les censes des Dormans *terres incultes et en bruyères depuis un temps immémorial; et le Pré Bouquin, pré sans maisons.*	65	Champaubert.	53
		Champigneulles.	32
		Chapelaine.	4
		Charmont et le Hameau de Charmontel, *autrefois contigu au village.*	261
Bergers.	152	Charmontois l'Abbé.	48
Bettancourt.	92	Charmontois le Roy.	49
Bierge.	1	Cheniers.	43
Boisjapin, *Ferme.*	1	Cheppy.	45
Brabant.	127	Chevigny.	8
Breuvery.	30	Clamange et la Cense du Mont.	64
Bronne, *Ferme dépendant de Vanault le Châtel.*	77	Coïzard.	25
Bussy le Châtel, *Bourg, justice royale,*	77	Colligny, le Hameau d'Aunizeux, et le Fief de la Chapelle.	69

(*) Le nombre de lieues, indiqué à chaque chef-lieu d'élection, donne la distance que l'on comptait à cette époque depuis ce lieu jusqu'à Paris.

Nombre de feux

Nombre de feux

Conflans, *maison seule*.	1
Congy.	86
Compertrix.	27
Conantray.	43
Conantre.	76
Contault le Maupas, et la Maison de Vigny. *La maison de Vigny est détruite depuis fort longtems.*	54
Coolus.	15
Coulmiers.	74
Coupetz	36
Coupesville.	90
Courtizoux, *Bourg, casernes.*	398
Cuperly.	63
Dampierre au Temple.	18
Dampierre sur Moivre.	45
Dommartin l'Estréc.	113
Esclaires, les Hameaux de Gumont et de Grugny, et Aubercey, *Ham. dép. de la cure de Triaucourt depuis environ dix ans.*	83
Escury le petit. *Ferme.*	1
Escury le Repos.	32
Escury sur Coolle.	62
Estoges.	89
Estrechy, annexe de Soulieres, et le Fief du Puits, *Fief sans aucune habitation.*	40
Esvres.	61
Faniers et la Ferme du Sambey. *La ferme est détruite.*	65
Faux sur Coolle.	33
Fere-Briange.	73
Fere-Champenoise, *Ville, casernes.*	336
Flavigny.	8
Fontaine et la Ferme de la Chapelle sur Coolle.	50
Foucaucourt.	50
Francheville.	39
Fromentieres.	71
Germinon.	74
Givry lès Loisy	48

Gourganson.	85
Grauve et le Fief de Mont-grimault.	87
Haussimont et Vassimont, *Villages.*	74
Jalon.	78
Juvigny.	147
La Chapelle sur Orbais, et la Ferme de Bievre.	23
La Cheppe.	86
La Croix en Champagne.	32
La Folie, *Ferme.*	1
La Gravelle, *Fief.*	1
La Lieuf.	4
La Motte lès Vertus, *Ferm.*	1
La Neuville au Temple, *chef-lieu de la Commanderie de Chalons.*	2
La Veuve.	64
La Voix.	50
Le Chastelier.	58
Le Chemin.	44
Le Fresne.	69
Le Mesnil, *Bourg.*	246
Le Mesnil lès la Caure.	19
Lenharey.	43
Lespine et la Maison de Melette.	104
Loisy en Brie.	144
Mairy et la Ferme de Montjalon, *casernes.*	66
Marson d'à-mont et d'aval, autrement dit haut et bas	119
Matougue.	124
Moivre et le Château de S. Hilaire.	36
Moncets	37
Montespreux.	6
Mutigny lès la Chaussée.	49
Nettancourt, *Bourg,* et Hupemont. *Hupemont n'est qu'un plus reste de Savarts.*	183
Noirlieu et la Ferme de la Neuville au Temple lès Espance.	29
Normey.	57
Nuisement.	41
Ocuvis.	55

	Nombre de feux		Nombre de feux
Oger.	131	Sommevelie.	70
Omey.	24	Sommyèvre.	69
Ongnes.	29	Songny aux Moulins.	22
Outrivieres et Bois, *Ferm.*	7	Soudey Nôtre-Dame.	40
Passavant, *ville, Prévôté, Justice royale,* 5. *grosses fermes.*	177	Soudey sainte Croix.	83
		Soudron.	149
Pierre Morains, et les Grangettes. *Il ne reste plus rien aux Grangettes.*	40	Soulieres et la Cense de la Croix. *Il n'y a ni maisons ni mazures à la cense de la Croix.*	73
Pocancy.	61	Suriette, la Nouë et la Loy. *Il n'y a de ces* 3. *fermes qu'une maison existante à Suriette.*	1
Poix en Champagne.	88		
Pongny.	185		
Possesse.	83		
Prez en Argonne.	64		
Recy.	86	Thongny aux Bœufs.	75
Reineville et la Ferme de Cresle.	17	Tibie.	63
		Tilloy.	28
Riaucourt.	2	Toulon.	21
Rouffy.	14	Trecon.	51
S. Etienne au Temple, S. Ferjeux, ou Fulaine, Gionge ou S. Quentin, *annexe,* et la ferme de la Neuville lès S. Ferjeux *autrement appelée* Commercy.	61	Vadenay.	53
		Vadiviere, Yonval, et la Thuillerie, *ferme.*	19
		Vanault le Châtel.	103
		Vanault les Dames.	126
		Vatry.	49
S. Germain la Ville.	146	Vaurefroy.	57
S. Hilaire au Temple.	24	Velie.	31
S. Jean sur Moivre.	46	Vernancourt.	55
S. Jubrian.	14	Vertus, *ville comté, justice royale, casernes.*	357
S. Mard lès Rouffy.	33		
S. Mard sur le Mont.	126	Vert, et la Paroisse. *La Paroisse n'est qu'une simple dénomination.*	57
S. Martin lès Vinets.	16		
S. Memie et S. Martin lès Châlons, 2. *Paroisses ne faisant qu'un même vil.*	157		
		Vesigneux sur Coolle.	21
S. Pierre et la Paroisse, *détruits de tems immémorial : il ne reste que des terres qui sont incultes depuis quelques années.*		Vesigneux sur Marne.	54
		Villeneuve lès Rouffy.	17
		Villiers aux Bois.	15
		Villiers aux Corneilles.	44
		Villiers le Sec.	97
		Villeseneux.	75
S. Pierre aux Oyes.	33	Villevenard et le Hameau de Courgeonnet.	139
S. Quentin.	27		
S. Remy sur Bussy.	114	Vinets.	2
Sarry.	123	Vitry la Ville.	33
Senard.	51	Voipreux.	11
Soisy, *Ferme.*	1	Voucienne.	10
Sommaisne.	21	Vouzy.	44
Sommesous.	96	Vraux.	103
		Vroil.	125

ÉLECTION DE RETHEL.

	Nombre de feux.

Acy. — 83

Alincourt. — 31

Amaigne. — 145

Ambly sur Aixne et le Hameau dit les Amerieres. — 51

Ambly sur Bar. — 10

Annelles. — 58

Armoise la grande. — 77

Arreux. — 33

Auboncourt és rivieres et la maison Gad. — 43

Auboncourt lès Vauzelles, et le moulin de Wasselin. — 32

Authe et Ginaux. — 85

Autruche. — 47

Ayvelle la grande. — 29

Ayvelle la petite. — 32

Bâlon, Ste Croix, les Châteaux de Geromont, et la Folie. *Ste Croix inconnue.* — 97

Ballay et le Gué Charlemagne. *Ce gué n'est qu'une marre d'eau située sur une hauteur.* — 60

Baleivre. — 40

Barbaize. — 52

Barbye. — 97

Bauthemont. — 40

Bayonville. — 105

Belval. — 43

Belleville. — 52

Bergnicourt. — 48

Bertoncourt et le Château de la Folie. — 78

Biermes. — 78

Blaize et le Château de Richecourt. — 35

Boulzicourt. — 83

Bourq. — 97

Boutancourt. — 33

Bouvellemont. — 45

Briaucourt et Monthiemont, *annexe.* — 18

Brienne. — 109

	Nombre de feux.

Brieulle sur Bar et la Ferme de Grimansart, *bourg,* 5. *grosses fermes.* — 115

Buissonvé. — 11

Buz. — 28

Chalandry. — 28

Champigneulle et le Château du petit Clefet. — 25

Charbogne. — 139

Chardeny et le Château de Chartogne. — 34

Châtillon sur Bar, Vuilleux. *Vuilleux inconnu.* — 80

Chaumont et la ferme de S. Quentin. — 34

Chaumont et Tourcelles, *annexe.* — 43

Chehery et le Château de Rocan. — 43

Chemery et la Cense de Termes. — 133

Cheppe. — 12

Cherpette, la Naux déduit, *annexe,* et le Moulin de Cliquet. — 13

Chevrieres. — 25

Clavy et Vuarby, *annexe.* — 115

Coëgny. — 14

Condé sur Aixne et la Cense des Fournelles du Pissois. — 45

Connage. — 44

Contreuves, et le Château de Chambernard. — 66

Corny la Ville et la Cense de Cornisel. — 46

Coucy. — 60

Damouzy. — 44

Dom-le-Mesnil et la Grange de Rouvroy. — 70

Douchery, *ville, bailliage,* 5. *gros. fermes.* — 400

Doux, et la Cense de Pernan. — 48

Dricourt. — 19

Escordal, les Maisons au Bois, les Noyettes, les

Nombre de feux

Fermes du Pré–Boulet, de la Lulotterie, et Hardonval.	146
Eslaire.	16
Estrepigny.	37
Estion.	69
Esvigny.	40
Faux et le Fief du Pasquîs, *sans maisons*.	20
Faisseault et la ferme de Belaire.	46
Feschier.	16
Fleury et le Château de la Charité.	22
Flize.	17
Fossé.	37
Fresnoy.	57
Germont et la ferme du Mont de Corbrant.	47
Glaire.	22
Grivy et le Moulin de la Muette.	37
Gruyeres et Malcoutaut.	27
Guignicourt.	52
Guincourt et les fermes de Hurtebize, du Pré Serré de la Cour des Rois et la Chasarderie.	56
Hagnicourt, la Ferme des hautes maisons et le Bois dit Harzilleux.	61
Hanogne S. Martin.	59
Hocquemont et la maison appelée le Trou.	14
Houdizy.	32
Ige.	48
Inaumont.	75
Ivernaumont.	22
Jandun, les maisons Vanze et celles du haut chemin.	101
Jonval.	63
L'Abbaye de Landesve, et les maisons appelées Caunoîs, Houpillart, le moulin des bois, la Nouë–Adam, Chamiot, et le Troux.	24
La Cense du Corny la Cour.	3
La Cense de Haut.	1
La Cense de Lautrepe.	2
La Cense de Manimont.	1
La Cense de Soiru.	2

Nombre de feux

La Cense de Trahiere.	2
La Cense de Thiéves, les Maisons de la Charbonnerie, et le chateau des Poursaudes.	4
La Croix lès Longvé, et le Fief de Tanon , *sans maisons*.	57
La ferme et maison du Temple, et le terroir appelé Simonnel, *sans maisons*.	3
La Francheville.	26
La haute Clefay.	2
La Horgne, les trois maisons, et le moulin des Tailles.	47
La Mets et la Cense de Ploireaux.	66
La Morteau.	5
La Neuville à Maire.	73
La vieille Ville, Sauces aux Tournelles, *annexe*, et les Thuilleries.	15
Launois, *casernes*, et les maisons dites la Fosse à l'eau, les Aisemens, le Culot le Loup, Maupas, les Episseries, les Crettes , l'Epinette et Friture.	60
Le Chenois et Rivieres.	75
Le Châtelet et le moulin de Mondrezicourt, et le terroir d'Epinois.	57
Le Chesne.	224
Le Dancourt.	9
L'Effincourt.	54
Le Mesnil lès Annelles.	53
Le Mont de Jeux.	27
Le moulin–Faveaux et les maisons du Ban-d'Elan.	13
Le petit Ban et le Quay la Comtesse. *Ce quay est un ruisseau sans maisons*.	4
Les Alleux et les fermes de la Maison rouge, et Marcelot.	52
Les fermes de Telines et de la Chambre aux loups, la Chambre de Beline *inc*.	4

Nombre de feu

Nombre de feux

Les maisons de la Peruse, Beauregard et Epargne-mail. 14

Liry. 92

Loisy, la Cense de Roche-froy, la ferme et maison de Montchouet. *Roche-froy est une ferme sans maisons.* 40

Longvué l'Abbaye, le mou-lin de Corphoine, la fontaine au Puits et les mais. appelés les Mars, et Monthardré. 36

Longvué lès la Croix et le Fief de Livry. 88

Louverguy et la ferme de Touly. 80

Luquy. 34

Machaut. 125

Macheromenil. 21

Maire. 8

Maizieres, *ville, bailliage, dépôt de sel, 5. grosses fermes.* 456

Malmy. 23

Marqueny au Bois. 89

Marqueny au Vallage. 15

Mars sous Bourg. 33

Maudigny. 26

Mazerny et les hautes mai-sons qui sont du finage dudit lieu. 68

Monclin. 26

Mohon. 44

Mont-Laurent. 43

Mont-Marin. 1

Mont S. Remy, 16

Montigny, *Ville, Prevôté, Cinq grosses Fermes.* 60

Moronvilliers. 9

Neuflize. 74

Neuville lès Tis. 80

Noirval. 53

Nouvion sur Meuze, et Manicourt, *annexe.* 55

Novy, et la Ferme de la saint Martin. 86

Omicourt. 45

Omont et la maison de la Grangette. 83

Pargny. 31

Perthes. 87

Pierrepont, et le Ha-meau de la Cassine. 5

Poix, Terron, *annexe,* la Ferme de la Conne. 123

Puiseux. 31

Quilly. 47

Raillicourt. 60

Resson. 36

RETHEL, la Ferme de Remicourt, et la Neu-ville, *Ville, Duché Pai-rie, Bailliage, Cinq grosses Fermes, Maré-chaussée, 2 Caser.,* 40 *lieuës.* 1098

Rilly aux Oyes et la Mai-son de Vualard, *Fer.* 48

S. Etienne à Arne. 129

S. Lambert, et la maison de la Treille. 131

S. Loup au Bois. 54

S. Loup en Champagne. 95

Ste Marie à Py. 100

Ste Marie sous Bourg, et Baillet, *inconnu.* 37

S. Marcel sur le Mont. 41

S. Morel et Corbon, *an-nexe.* 77

S. Pierre sur Vanze. 26

S. Remy le petit. 17

S. Souplet. 136

Sapongne et la maison de Beauregard, *Ferme.* 74

Sauces aux Bois, le Raidon, *inconnu,* la Cense de S. Benoît et la Guinguette. 143

Savigny, *Bourg,* les Roches et Priman, *annexe,* la Ferme de la Conne, et le moulin de Mayange. 199

Sault lès Rethel, la maison et ferme de Belaire, et la mais. dite Claucardin.

Sauseuil, le Château et la cense de Crevecœur. 34

Sauville, la cense et la maison d'Armanjart, et les maisons des Termes et de Louvergny. 121

Selles. 54

Semeuze. 23

Nombre de feux

Semide et le terrain de Sez, *sans maisons.*	95
Semuy, la Cense de la Maladrie, le moulin Vuaroux, la Cour-Regnault, et la Commodité, *Cens. et maisons.*	67
Seüil, *bourg.*	151
Seuricourt.	10
Sü.	76
Singly au vallage.	2
Singly lès Omont.	42
Sompy, *Bourg.*	261
Sorcy, les mais. neuves, le moul. Guyon, Rochefort.	77
Soreau.	2
Sugny et la Cense de Malioux.	28
Sury.	23
Suzanne et les maisons de la Treille.	85
Tagnon.	115
Terron sur Aixne.	161
Terron lès Vendresse, les maisons du Fourneau-Regnard *détruites.*	54
This.	50
Toge.	54
Tolligny.	16
Torcy le grand et le petit.	60
Tourne.	161
Tourteron, la Sabotterie, *Bourg, Cinq grosses Fermes*, et la Vannerie, *annexes.*	207
Trugny.	76
Tugny.	89
Vandy, le moulin Toupez, et le château de Laubrel.	170
Vaudezincourt.	51
Vaux en Champagne, et la maison de Beaumont, *ferme.*	74

Nombre de feux

Vaux–Montreüil, Grandchamps, Coüaux, le Pas, et les maisons de la Taux le brûlé, dépendantes de Vaux–Montreüil, Pargny et Labre de la Ranisiere *inconnus.*	04
Vauxelles.	26
Vendresse et la Cassine, *annexe* le château de la Lobbe, la Cense des Essartes, et le Fourbas, *où on coule le fer.*	109
Verrières.	[44
Ville sur Retourne, les moulins d'Amery de St. Genevieve, et la maison de Bretel, *Cense.*	80
Ville sur Vanze, et Betanval, *inconnu.*	1
Villette.	14
Villiers sur Bar.	50
Villiers devant Maizieres.	43
Villiers sur le mont.	25
Villiers le Tigneux.	47
Viviers et les annexes Aucourt et Tumecourt.	101
Voncq, les fermes et maisons de Boffay, Cocquereaumont et Fontenil.	268
Vouzieres et la cense d'Ecrienne, *sans bâtimens.*	172
Vrignemeuze, le moulin-Regnault, et le Mesnil, *inconnu.*	84
Vrizy.	169
Vuagnon.	131
Vuarq, les maisons et fermes des Granges.	69
Varnecourt.	30
Wignicourt.	53

ELECTION DE SAINTE MANEHOULD.

Nombre de feux

Ainereville et la Cense de Sachogne.	13

Nombre de feux

Andevanne. et la cense d'Arbeuville	34

Nombre de feux

Nombre de feux

Aspremont en Argone. 85

Argers.⁹ 23

Autry, les censes du grand bois de l'or et de Moyon, et l'hermitage de saint-Lambert. 132

Auve, et la cense d'Erconval, *ruinée*. 58

Bantheville et Bouru´, *villages*, le château de Bolandre, et la cense la Thuillerie. 92

Bar lès Buzancy. 31

Baricourt, et la cense des Thuilleries. 77

Bauny. 48

Beauclerc. 37

Beaulieu en Argonne, le hameau de Couru, les censes la Mazurie, et Taille-Moutarde, l'hermitage de saint Roin. 74

Beaurepere, et la cense de Broye. 33

Beffeu et le Morthomme, *villages*, la Chapelle les Beffou, et la petite Chinerie, *censes*. 35

Berzieux. 45

Binarville, la cense de l'Echelle, le moulin Charlevaux. 112

Boureulles, et la Verrerie dite le Four de Paris. 137

Boux au Bois. 67

Braux sainte Cohiere, et la cense de Puise. 14

Braux saint Remy, la cense lès Mars. 49

Brecy. 50

Brieulles sur Meuse, les censes de Ville au bois, et l'Estance. 159

Briquenay. 122

Brizeaux, les censes d'Appartenant, et la Cour de Brizeaux. 84

Buzancy et Masme, les censes de la Bergerie et de la Cour. 185

Cernay en Dormois, les censes de Bayon, Chausson,

Thoüange, les maisons de Champagne. 161

Challerange et la cense de Joyeuse-Garde. 74

Champigneulle, la Forge dudit lieu, le moulin de S. Juvin. 64

Chamy. 11

Chastel lès Cornay. 100

Chastrices, les hameaux du bois des Chambres et de Pologne, les censes de Pissotel, Faillé, Vernaut, la Hotte, la Halandrie, le four aux verres, le moulin de Daucourt, Grigny, Monfals et Chatillon. 52

Chéhéry, les censes du Menil, les Granges, Henrieral, et Serieux. 17

Chevière, les censes de la Noüe, le Coq et la Folie. 40

Chinerie et Landreville, *villages*. 38

Cierges, et la cense de la Grange aux bois. 56

Condé lès Autry, les hameaux d'Yvoy le petit et de la Mare aux bœufs et les censes de Wichery et des Morieux. 69

Cornay, et la cense de Martincourt. 104

Courtoismont, et la cense de S. Hilairemont. 55

Cuisy. 48

Dampierre sur Auve, et Nuisement lès St. Mard, *cense ruinée*. 11

Dampierre le Chastel, et le village de Sommerécourt. 61

Dannevoux. 156

Daucourt. 52

Dommartin la Planchette, la cense des Planches. 7

Dommartin sous Hans. 23

Dommartin sur Yévre. 62

Elize. 19

Ente et Millet, les censes de Boncourt et des Horgnes. 31

Nombre de feux

Nombre de feux

Epenonville, les hameaux d'Yvoiry et d'Eclisse-Fontaine, la cense des Morieux. 91

Espence, et les censes de Epencival et d'Hautecourt. 74

Excermont, et la cense de la vieille Forge. 51

Felcourt. 9

Fleury en Argonne. 93

Fléville. 59

Florent, et les moulins d'Alesmont et du Claon. 158

Fontenois. 19

Gercourt et Drillancourt, *villages* et les moulins de Quenauville, de Coquesigrü et d'en-haut. 81

Gesnes. 55

Givry en Argonne. 144

Gizaucourt. 29

Grand-Han, les censes du du petit bois de l'or, et de la Houppe. 44

Grand-Pré, *Ville, Comté* le Hameau de Tama, et les censes de Thenon, de Barbançon, de Greves, de la Forge, de Belle-Joyeuse et des Loges. 274

Halles. 80

Hans en Champagne. 88

Haricourt et la cense de la Malmaison. 44

Haucourt, et Malancourt, *villages.* 161

Herpont, et la cense Herpinc, et les Fiefs de Follet et Reineville, *sans maisons.* 66

Imécourt et Alliépont, *villages.* 65

La Chappelle sur Auve, 16

Lancon, la Forge de Bievres, et les censes de Baldrange et des Haquets. 75

Landres et la cense de la Dhuye. 97

La Neuville au Bois, le hameau de Bournon-

ville, et la cense des Essarts. 89

La Neuville au Pont, *Bourg, cinq grosses Fermes,* et les Censes d'Esserts, Venise, Pont à l'Isle, Naveau, et le petit Moulin. 336

Laval. 37

Le Bois des Dames, l'abbaye de Belval en Deüillet, la Forge de Belval et les censes de Pont-Ervaut et d'Herbaumont. 53

Le vieil Dampierre, et les censes du grand-Ru, et et de la Chayere. 57

Maffrecourt, et les censes d'Effrain et de Waillon. 15

Marc et la cense la grande Besogne. 96

Massiges. 35

Melzicourt. 16

Minaucourt. 44

Moiremont, et la cense de Chauvrieulle. 64

Montfaucon en Argonne, *Ville, cinq grosses Fermes.* 304

Mouron. 82

Noüart, les hameaux de Champy haut et bas, la Forge de Maucourt, et la cense appellée la Fontaine au Cron. 148

Oches. 51

Olizy et la Ferté, *villages.* 104

Rapsecourt et la cense de Plagnicourt. 31

Remicourt, et la cense de la Maison-Dieu au Bois. 32

Remonville. 56

S. Georges. 17

S. Jean sur Tourbe et la cense de la Salle. 57

S. Juvin. 98

STE MANEHOULD, *Ville, Prevôté, Baillage, Justice Royale non ressortissante, Grenier à Sel, Traites Foraines, Maîtrise particuliere*

Nombre de feux

Nombre de feux

Mareschaussée, Château et fauxbourgs, 2 casernes, 50 *lieuës. A été brûlée en partie.* Les hameaux de la Grange au bois, la Grangette au bois et le bois d'Epence, et les censes nommées la Maison–Dieu en Biesme, Beauregard, Creve-cœur, les vertes Voyes, Alleval, la Debaillerie, la Malassise, l'Hermitage, la Hocarderie, le Jauvinal, la vallée Colletet, la haute Maison, la cense Laschet, le Pavillon, la cense brûlée, Or-val, les Hoüyes, les Marécages et Gorgeaux. 781

S. Mard sur Auve. 30

S. Pierremont. 101

Senuc, et les censes d'Ar-ronne, de la Malassize, la Berliere, et la Brique-terie. 155

Sessarges. 65

Sivry lès Buzancy, et le moul. de Trompesouris. 36

Sivry sur Ente et les cens. de la basse Varille et de la Lichiere. 38

Sommeautre. 95

Sommerance. 47

Sommetourbe. 52

Tahur. 70

Tailly, le hameau dit les Thuilleries de Raux et la cense des Forgettes. 123

Termes et les censes d'Es-chantre et de la Bergerie. 168

Thenorgues et la cense de la Tour Audrye. 55

Triaucourt et la c. d'Arcéfay 166

Valmy et la cense de Pré-fontaine. 96

Varimont. 7

Vaux en Deüillet et la cen-se de la Sartelle. 66

Verpel et la cen. de Rezille. 118

Verrieres sur Aixne. 165

Viesne, et les censes de Royon, la Nouë S. Mar-tin et le moulin Malté. 66

Villers en Argonne, et la cense de la Thuillerie. 106

Villiers devant Dun, et la cense de Raimey. 44

Ville sur Tourbe. 86

Virginy. 57

Voilemont et les censes de Maupertuy et de Mau-joüy. 32

Wargemoulin. 15

ÉLECTION DE VITRY LE FRANÇOIS.

Nombre de feux

Nombre de feux

Amblancourt. 48

Ambrieres, les censes de Queux et de Merlüet, et le fief d'Anglebert, *au-trement dit* la cense du Château. 45

Arrigny. 32

Arzilliers. 77

Aunay l'Aistre. 38

Bailly le Franc. 31

Bassu et les moulins. 115

Bassüet et le moulin à vent. 183

Baudonvilliers et le ham. de Passavant. 42

Beaumont, *ferme dépen-dante de la Paroisse de Blesmes.* 1

Bettancourt la ferrée, et la Forge. 18

Bienville. 75

Bignicourt sur Saulx et les censes du Sorton et du Chesnoy; *le Chesnoy rui-né et sans bâtimens.* 58

Bignicourt sur Marne. 8

Blacy et les maisons appel-lées les Indes. 81

Blaises sous Arzillers. 46

Blaise sous Hauteville. 34

Blesmes. 44

Brandonvilliers et les cens. du petit Paris et de Harpera. 34

Braucourt et les censes de

Nombre de feux

Nombre de feux

la Vignotte et de Beau-
regard. 27

Brauvilliers. 65

Brusson. 24

Chamoüillé et les 2 forges. 87

Champaubert et les censes
de la Malmaison, de Bon-
nevaux, du Bois lès Cou-
verts, de Beaulieu et
des Essarts. 56

Chancenay. 50

Changy. 61

Chapelaine. 33

Châtebroux et les maisons
appelées Beaucamp et
Bellefaux. 45

Châtillon sur Broüey, et
les censes dites du Pont
et des Bourgeois. 23

Chavange, les hameaux de
la Braux et de Surmons,
et les censes de Fonte-
nay et de Tagnieres. 211

Chemi non, le village et
l'Abbaye, les hameaux
de Brusson et du Feys,
et les censes de Bredey,
du Bruant, et de la Lo-
checolote, de la Verrerie
et de la Ménagerie. . 193

Cheppes. 92

Cloye sur Marne. 31

Coolle. 84

Courdemange et les cens.
de Montmoret, des Gran-
ges, de la Certaine et de
Grivoys. 90

Couvrot. 28

Dompremy, et la cense
d'Ornizet. 19

Domprot. 4

Donnemant et Balignicourt. 97

Doucey. 82

Dronay, les fiefs et censes
des Salzards et de la
Guespierre, et la cense
des Lers. 78

Drouilly. 20

Droyes, les hameaux dits
les Granges et le Voil
du Châtel, les censes ap-
pellées les Touchelles,

l'Abbaye de Hek, et S.
Jean du Parc ou la Gran-
ge au bois, les deux cen-
ses du Jard, les deux
censes du Rup de Che-
vry, la ferme du Gagna-
ge de la paix, et les maisons dites les Orgères. 180

Escollemont, le Fief de la
Côte S. Pierre, la Cense
et le moulin du Charme. 14

Escriennes. 49

Estrepy. 80

Eurville. 77

Faremont. 15

Favresse. 34

Frampas, et la Cense de la
petite Brie. 31

Frignicourt, le Fief et la
Ferme du canal. 40

Giffaumont, le Hameau de
la Saussure et le moulin
à vent, les censes appelées
le grand Clos, Ponthcu-
lin, la Maison rouge, les
moyens Parts, les petits
Parts, la Rague, la hau-
te Loge, la moyenne Lo-
ge, la petite Loge, les
deux censes de Mache-
ligneaux, les deux cen-
ses de la Druelle, les
deux c. dites le bouchon
ou Buisson, et la mais.
nom. la Duponnerie. 102

Gigny et Bussy, villages,
les Censes de la Maison
aux bois et de la Mal-
maison. 92

Glannes et les trois censes
dites les Aulnais ou la
Grenoüillière. 69

Goncourt. 7

Guincourt, prieuré et ha-
meau de la paroisse de
Justecourt. 1

Hallignicourt. 64

Hancourt. 24

Haussignemont. 9

Hautcfontaine, Hameau
dépendant de la paroisse
d'Ambrieres, et l'Abbaye

Nombre de feux   Nombre de feux

Ordre de S. Bernard. 2

Hauteville sous Hautefon-
taine, et les deux censes
des Islots. 112

Helmaurup, *bourg.* 211

Helvêque. 75

Helutiere, et la maison du
Troncq. 78

Henruel. 17

Hoiricourt. 37

Huiron. 61

Humbauville. 44

Isle sur Marne, la cense de
Bruant et le moul. d'Isle. 30

Isson. 15

Joncreüil. 50

Jussecourt. 45

Landricourt. 39

La Neuville lès S. Dizier. 22

La petite Ville. 10

Larzicourt, la cense du petit S. Jacques et le mou-
lin de l'Epicier. 137

Le Buisson. 57

Le Montoy, *Hameau dé-
pendant de la paroisse
de Maurup.* 6

Les Landres, *fermes dé-
pendantes de la parois.
d'Outine.* 7

Les grandes Côtes et la maison seigneur. ap. la Cour. 37

Les petites Côtes. 15

Les Rivieres. 21

Lignon. 58

Loisie. 135

Lonchamp, *hameau dépen-
dant de la paroisse de
Perthes.* 3

Luxemont. 19

Maison de Braux. 1

Maison en Champagne. 86

Margerie, et les censes de
Charbotet et de la Don-
tre. 61

Marolles, et le moulin à
eau. 18

Matignicourt. 22

Maurup. 78

Merlaut et le moulin. 97

Methiercelin. 77

Minecourt. 43

Moëllain. 52

Moncels et l'Abbaye Ordre
de Prémontré. 26

Montmorency, et le ham.
appelé la cour de la Brau. 125

Neuville sous Arzilleres. 20

Norrois. 25

Nuisement, *hameau de la
paroisse de Favresse.* 1

Nuisement et Chantecocq,
villages; les censes de
Ponthon et du Perlet, et
les Fermes de Beaumont
et de S. Lazare. 37

Orcont, la Seigneurie et
Cense du Plessis. 75

Outines et les censes dites
la Pierre, la Loye, le
Bergois et les petites
Pars. 89

Outrepont. 69

Pargny et la cense de Lajot. 78

Pars, la ferme de Clereüil,
autrement la Fontainè
au peuple, et les censes
du grand Poirier, de la
Nauroye et du Beaure-
gard. 30

Perthes. 106

Plichancourt, les hameaux
du Bochet et de Decourt. 38

Poivre, et la Chapelle de
Ste Suzanne, *annexe.* 150

Ponthion et le Fief de
Sailly. 59

Pré sur Marne. 27

Pringy et la Ferme de la
Nauchaudiere. 68

Rambescourt et Chasseri-
court *villages,* les cens.
du Chostelier et de Nui-
sement dépendant de
Chassericourt. 107

Reims la brûlée et Tour-
nizet. 24

Roche. 66

Rozay. 59

S. Amand et la cense des
Prez, *bourg.* 296

S. Cheron. 35

S. Dizier, *ville, baillage,
Maîtrise particuliere,*

	Nombre de feux		Nombre de feux
grenier à sel, 5. *grosses fermes*, *Maréchaussée*, *casernes*. 44 *lieuës*. La cense de la Loubere, les forges de Marnaval et de de Closmortier.	1094	Songy.	83
S. Eulien.	34	Soulanges, et le Fief de Bayarne.	43
S. Genet et la maison seigneuriale de la Folie.	5	Thyeblimont.	60
S. Leger sous Margerie.	46	Tournay, *Hameau de la paroisse de Favresse*.	3
Ste Liviere.	66	Trois-Fontaines l'Abbaye.	71
S. Loupvent, les censes de la Breüil et des Perthes, et le moulin à eau.	19	Troüan le grand.	103
S. Lumier et Lisse.	148	Troüan le petit.	59
S. Lumier la populeuse.	13	Valcourt et la Maison seigneuriale, appelée la Grange-Robert.	39
S. Martin aux Champs.	44	Vauclerc.	23
S. Quentin et la cense de la Folie.	41	Vavrey le grand.	144
S. Remy en Bouzemont, et la cense neuve du Sieur Duhamel.	,93	Vavrey le petit.	88
		Verzet, *fief et cense de la Par. de Reims la brûlée*.	1
S. Ouen, le hameau de S. Etienne, les Fiefs et Censes du Chemin et des Montmarins , les c. de Morivaux, de sainte Joye, Laval-le-Comte, l'Epine des Essarts, la cense neuve et le Prieuré appelé Bailly.	129	Villers en Lieu.	93
		Villers sur Marne.	7
		Villotte.	10
		VITRY LE FRANÇOIS, *ville, baillage, présidial, justice royale non ressortissante, grenier à sel, maîtrise particuliere*. 5. *grosses fermes*, *Maréchaussée*, 2. *cas.*, 40. *lieuës*. Et les cens. appelées les Marnies et le Desert ou Montvierge.	2240
S. Vrain, et la cense du Hochot.	50	Vitry en Pertois, *ville* et S. Etienne, *annexe*, la cense de la Grangette, le Prieuré et la Chapelle de Ste Genevieve, *cense*, les mais. appelées Montpas et S. Thibaud, et l'Abbaye de S. Jacques, Ordre de Saint Bernard.	157
S. Utin.	33		
Sapignicourt.	35		
Secru.	43		
Sermaize, *ville*, 5 *grosses fermes*.	428		
Sompsois.	104	Ulmoy.	2
Sompuis et les censes de la Galbaudine, de Pimbrau, de la Customne, et de Nivelet.	205	Vrainville.	53
Songny en Langle.	83	Voulliere.	41

ELECTION DE JOINVILLE.

	Nombre de feux		Nombre de feux
Aingoulaincourt.	15	Annonville et Landreville, *annexe*.	46
Alichamp.	48		

	Nombre de feux
de Coust, de Tremblay, de Bernehault, de la Borde, de Quinquampoix, de Champeigna et de la petite Neuville, et le moulin de Poinsot.	268
Montreüil sur Blaise.	26
Montreüil sur Tonnance.	46
Morancourt.	66
Mussey.	106
Narcy et la ferme de Ste Glossinde.	74
Nomecourt et la cense d e Malnuiet.	69
Noncourt.	81
Osne-le-Val, et la ferme du Val-d'Osne.	175
Pancey, et la ferme des Ecruës.	31
Parroy, et la ferme du Haut-chesne.	39
Planrupt, les hameaux de Maurupt et les fermes de la Fostelle, du haut Verger, du Pont Regin et du Champ du Ratel.	34
Poissons.	295
Potaine a pour annexe Augeville de Chaumont.	35
Ragecourt-sur-Blaise, et la cense de Malassise.	21
Ragecourt-sur-Marne.	32
Robert Magny, les ham. de Billory, de Gaye-Chaumont, et de la Cour des Prugniaux, et les fermes de Grignard, de la Fontaine aux bois et de la Forge.	63
Rouécourt.	45
Rouvroy.	51
Rupt.	25
Sailly.	52
S. Urbin, ville, et le mou-	

	Nombre de feux
lin de Vautrigneville.	257
Saudron et la ferme de la Valousé.	38
Saucourt, et la forge de Saucourt.	62
Sommancourt.	39
Sommermont.	24
Sommeville.	33
Sommevoir, casernes, et les censes de Pissevaches, de la Forêt, de la Butiniere, de la Buzeniere, et le moulin de la Forge.	276
Nota. *Le Lieu de la Forge, Election de Bar-sur-Aube, dépend encore de la Paroisse de Sommevoir, avec les fermes de Taillemadin et de Pontabeuf.*	
Soulaincourt.	19
Suzannecourt.	85
Suzémont.	12
Tenance lès Moulins et la cense de la Haselle.	37
Thonnance lès Joinville.	175
Troisfontaines la Ville et l'Abbaye d'Epinesval.	45
Valleraye.	31
Vaux sur Blaise.	67
Vaux sur S. Urbin.	39
Vecqueville, et la ferme de Sausa.	55
Ville-Ambesois.	54
Villers aux bois.	86
Villers aux Chênes, et le fief du petit Serain.	30
Voile-Compte.	87
Wassy, *ville, Justice royale non ressortissante, grenier à sel, Maîtrise particuliere,* 40. *lieues.* Les hameaux de Pont Varin, de la Grange au Rupr et le pricuré des Hermites.	500

ÉLECTION DE CHAUMONT EN BASSIGNY.

	Nombre de feux		Nombre de feux
Ageville, et la cense du Presnoy.	55	Charcey-Belpré, le château, le moulin et la thuillerie.	61
Aillanville.	42	Charmizay.	36
Andelot, *Ville*, *Prevôté*, *Justice Royale non ressortissante*, *Cinq grosses fermes*, et la Grange de Belvaux.	129	Châteauvilain, *Ville*, *Duché Pairie*, et les censes appelées Marnay, la Borde, la Bergerie, la Grange au Capitaine, la Forge, Dairville, le bois Madame, les Bonshommes, et le moulin Bizet.	306
Anneville.	20	
Augeville.	10	
Avranville, les Granges du Chesnoy et de Vuidebary.	34	
Autreville et la grange des Valottes.	129	CHAUMONT, *Ville*, *Bailliage*, *Presidial*, *Justice Royale non ressortissante*, *Maîtrise particuliere*, *Grenier à sel*, *5. grosses fermes*, *Maréchaussée*, *2. casernes*, *54 lieues.*	1100
Bertilleville.	31	
Bctaincourt.	59	
Blanchiville.	15	
Blessonville.	74	
Blezy.	25	Choigne et les granges de Froidos et de la Penne ; celle de *Froidos détruite.*	26
Bologne, les granges du Tilleu et de Lassaux, les deux forges, le fourneau et la fonderie.	44	Cirey les Marcilles.	51
		Clinchamp.	107
Bonnet et le fourneau.	101	Condes, le Prieuré et le moulin.	11
Bourdons.	70	Consigneux et le moulin.	48
Brechainville.	32	Coupperay, la batterie, le fourneau et la fonderie.	56
Bressoncourt.	12	
Bretenay.	32	Crenay.	6
Briocourt.	29	Dainville et le moulin.	47
Brottes, et la grange du Buisson, la Commanderie du Corgebin, et la grange de la Borde.	74	Dompremy.	76
		Dormanne et la grange de Fragnieix.	53
Buisson et la cense de Benoistevaux.	36	Escot, et les granges du Fretty aux ânes, la grange Bernard et la forge, *en desert.*	41
Buxereulles, le moulin, le Chevraucourt et les quatre moulins.	14	Esnouveau et le moulin.	75
Buxieres les Villiers.	32	Espizon.	44
Buxiere sur Marne.	50	Essey, les ponts et la grange de Haut-le-Comte.	45
Chalvraines et la cense du Dorme.	54	Eussigneix, les granges de Bonlieu, de Molinet, et la pente-fosse.	47
Chamarande, et la grange de Hurtebise.	25	Feroncles.	56
Chambroncourt.	29	Forcey, la batterie et celle du Pontminard.	41
Chantraine, les granges de Malmit et de Roziere.	35	

Nombre de feux		Nombre de feux	
Frébécourt.	58	Mennouveau et la grange d'Orsois.	29
Freville.	36	Meure et le moulin.	45
Germay.	45	Midrevaux.	55
Germizay.	33	Millieres et les censes de Lesduy et de Morlay.	63
Gillancourt.	45	Mont.	46
Grand.	80	Montherie, le fourneau d'Esd'huy et la cense de Morin.	49
Hevilliers et la thuillerie.	41		
Humberville et la forge de Fleuret.	37	Montot et la forge.	37
Jonchery et la grange de Bonnevaux.	45	Montfaon, et la grange d'Outremont.	39
Juzennecourt.	57	Morionvilliers.	20
L'Abbaye de la Creste, le granges de Puzay, la tuillerie, la forge, la vieille Creste et le Boullerot.	33	Mottault.	6
		Neüilly sur Suize.	43
		Neuville aux bois.	29
L'Abbaye de Septfontaines, les granges de Roydon et de Charmey.	6	Neuville les Treveray.	12
		Orges.	176
La Chapelle et la grange de Rimaucourt.	80	Ormoy et le champ de la Grange.	29
La Fauche, la maison de M. Senaut, et le fourneau.	22	Orquevaux et la forge.	78
		Oudincourt et les granges de Cranvaux et du Charmont.	51
La forge de la Neuville lès Treverey.	4	Pagney sous Mureau, et l'Abbaye.	72
La Harmand.	18	Pont la Ville.	78
La Marienne.	22	Prez la Foche.	82
Langues et les granges en dépendantes, celles de Pincourt, de la Paix, de Sevillon, les deux batteries, le Val d'Orsois, le Val Mainguien, et le Presnoy.	47	Provrancheres, et la cense d'Houville.	15
		Reclancourt, *Domaine du Roy*, et le moulin du Val des Choux de l'Hôpital.	17
La Ville aux bois, et la grange de Moiron.	37	Ribaucourt.	68
La Villeneuve au Roy.	73	Rimaucourt, la forge et le fourneau, *en desert*.	83
Lemeville.	35	Reynel.	80
Le Puits des Mezes.	30	Riocourt, la forge, le fourneau et la fonderie.	40
Leureville, et la cense de Beaulieu.	44	Roche-Cultrut, la grange de Bugnémont et la forge.	70
Lézéville.	40	Rochefort.	40
Liffol le petit, le fourneau et le moulin.	70	Roocourt la côte.	48
Lonchamp, les Millieres, et la grange Dardu.	39	Rorthey et le fourneau, *en desert*.	9
Luzy.	55	S. Belin, les granges de Charmilliere et de S. Hubert.	76
Manoix, la forge et la fonderie.	67		
Marault.	70	S. Joüarre et l'Abbaye de Vaux.	72
Mareille.	51	S. Martin.	78

	Nombre de feux		Nombre de feux
Sarcicourt.	58	Treverey.	72
Semilly.	55	Valdelancourt.	39
Sexfontaine, et la grange		Vaudeville.	44
du Perreux.	61	Verbiesle.	40
Signeville.	36	Verincourt, la forge et le	
Sionne, la forge et le four-		fourneau.	15
neau.	43	Vezaigne et la grange de	
Soncourt, la grange de		Mont–le–Bert.	71
Menevaux, le Prieuré		Viesville.	60
de la Genevroye et le		Vignes et le moulin.	11
moulin.	66	Vignory, et la grange des	
Touraille.	13	Hermites, *casernes*.	188
Trampot et la ferme d'O–		Villiers le sec.	97
deu.	55	Villiers sur Marne.	47
Treix, les granges des		Voüécourt, les granges	
Quartiers et de Meschi-		d'Heve et de Grand–	
neix.	34	vaux.	57

PREVOSTÉ DE VAUCOULEURS.

	Nombre de feux		Nombre de feux
VAUCOULEURS, *Ville,*		Montigny.	36
Prevôté, Justice Royale		Neuville.	68
non ressortissante, cinq		Montbras.	29
grosses fermes, casernes.	312	Ourches.	70
Buré la Côte.	40	Rigny la Salle.	139
Buré en Vaux.	52	Ruë du Fief.	48
Badonvilliers.	40	S. Germain.	45
Broussey.	127	Brulé.	70
Chalcines.	60	Trauron.	6
Espié.	28	Sauvoye.	42
Goussaincourt	40	Ugny.	69
Greux.	40		

ÉLECTION DE LANGRES.

	Nombre de feux		Nombre de feux
Aisey et Richecourt, *an-*		Arnoncourt, *annexe de*	
nexe de Villars le Pau-		*Sergueux.*	42
tel.	55	Aubepierre.	128
Amfonvelle.	49	Aubetray.	31
Andilly, *annexe de la*		Aubigny, *casernes, anne-*	
roisse de Celles.	51	*xe de Prauthoy.*	55
Anrosey.	87	Audeloncourt.	67
Arbigny.	86	Aujeure.	50
Arbot.	38	Aunoy, *annexe d'Arbot.*	28
Arcémont, *cense dépend.*		Avrecourt.	34
de la parois. de Cuves.	4	Baissey.	108

Nombre de feux

Baize, *casernes*.	152
Balaismes.	1
Bannes.	51
Barges.	62
Bay, *annexe de Vitry en Montagne*.	37
Beauchemin, *annexe de Faverolles lès Marac*.	27
Befail, Isonville et Chesaux, *granges dependantes de Montigny-le-Roy*.	6
Beroncourt.	29
Bielles.	122
Bize, *annexe d'Anrosey*.	26
Bonnecourt.	75
Bonnefontaine, et Quaquercy, *Hameau dép. d'Heuilley le grand*.	14
Boudreville.	43
Bourberain.	83
Bourbonne lès Bains et, Monthelliard, *bourg, 5. grosses Fermes*.	483
Bourg.	59
Brennes.	53
Brevannes sous Choiseul.	12
Buxereulles, *hameau dépendant de Colommier le haut*.	19
Buxieres en bassigny.	39
Celles.	49
Celsoy, *annexe de Montlandon*.	36
Chalancey, *Bourg*.	97
Chalindrey.	133
Chalmesin, *dépend. pour le spirituel de Mussuot*.	24
Chambain. *village dépendant de Colommier le haut*.	34
Champigny lès Langres.	29
Champigny sous Varenne.	54
Changey, *annexe de Charmoille*.	39
Charmes.	42
Charmoilles.	46
Charmoy.	57
Chaseul.	76
Chasnoy, *hameau dépendant de Humes*.	12
Chassigny et Brossottes.	99

Nombre de feux

Chastenay–Mascheron, *annexe de S. Vallier*.	29
Chastenay-Vaudin, *annexe de Luey*.	28
Chastoillenot.	82
Chaudenay, *annexe de Corgirenon*.	32
Chaufourt.	59
Chaumondel et Pisseloup.	43
Chesaux.	79
Chevigny, *Hameau dép. de Baize*.	15
Choilley et Fromentel, *annexe de Dommarien*.	60
Choiseul, *Ville, Duché-Pairie, 5. gros. fermes*.	59
Clemont, *bourg, 5. grosses fermes*.	73
Cohons.	117
Coiffy le Châtel, *annexe de Coiffy la ville*.	147
Coiffy la ville, *Prevôté, 5. grosses fermes*.	95
Colommier le bas, *annexe de Colommier le haut*.	21
Colommier le haut.	55
Cordamble et Montruchot, *granges dépendantes de Peigney*.	4
Corgirenon.	67
Corlée.	33
Coublanc.	99
Courcelles en Montagne, *annexe de Voisines*.	135
Courcelles au Val d'Esnoms, *an. d'Esnoms*.	135
Courchamp.	22
Courlomp, *annexe de Grancey*.	53
Couzon, *village dépend. de Prauthoy*.	24
Cressey et la grange d'Agrenant.	1
Culmont, *an. de Chalindrey*.	38
Cusey.	77
Cuves, *annexe de Buxieres en Bassigny*.	22
Daillecourt.	52
Damcevoir.	107
Damfalle, *hameau dépendant de Provencheres*.	15

Nombre de feux

Dammartin.	71
Dampierre et la grange du Chêne.	101
Damremont.	63
Dardenay, *dépendant de Choilley, et annexe de Dommarien.*	22
Donnemarie.	49
Eschevannes, *dépendant de Tilchâtel.*	39
Esnoms.	139
Espinant.	51
Essey en bassigny.	35
Farrincourt, *village dépendant de Gilley.*	32
Faverolles lès Marac.	53
Flagey.	29
Fley.	16
Fontenotte, *grange dépendante de Tilchâtel.*	1
Forfelière, *hameau dépendant d'Havrecourt.*	6
Foulain.	27
Fouvant le Châtel.	87
Frecourt, *annexe de Bonnecourt.*	47
Freittes.	115
Fresnoy et l'Abbaye de Morimont.	65
Genevrieres et Belfon.	85
Genrup, *dépendant de Montcharvot.*	22
Germaine.	33
Gevraulles.	73
Gilley.	59
Grancey le Châtel, *ville, comté.*	147
Grandchamp, *dépendant de Coublanc.*	49
Grenant.	85
Grossesauve et Montfricon, *hameau et granges dépendant des Loges.*	9
Guionvelle.	64
Gurgy le Châtel.	39
Gurgy la Ville.	35
Herisseulle, *hameau dépendant de S. Loup.*	12
Heulley-Cotton.	109
Heulley le grand.	89
Hortes.	163
Humes.	65

Nombre de feux

Joquenay, *an. d'Humes.*	25
Is en bassigny, *bourg.*	119
Isomes.	91
L'Abbaye d'Aubrive.	87
L'Abbaye de Beaulieu.	21
L'Abbaye de Vaux-la-Douce.	33
La Chartreuse de Lugny les Barbarans.	6
La Chaume.	63
La Ferté sur Amance.	81
La Genevrouze, *granges dépendantes de Faverolles lès Marac.*	2
La Grange de la Borde, *dépendante d'Heüilly le grand.*	7
La Grange de Bourcevaux, *dépendante de Vaillant.*	2
La Grange de la Chassagne, *dépendante d'Isomes.*	2
La Grange de la Doüix, *dépendante de Courcelles au Val d'Esnoms.*	2
La Grange de Dreüille, *dépendante de S. Vallier.*	2
La Grange de l'Envieuse, *dépend. de Sacquenay.*	1
La Grange du Fossé, *dépendante de Marcilly lès Tilchâtel.*	1
La Grange de l'Herbuë, *dépendante de Colommier le haut.*	1
La Grange de Mondrecourt, *dépendante de Grenant.*	2
La Grange de Petasse, *dépendante de Cohons.*	6
La Grange de Vefvre, *dépendante d'Isomes.*	2
Les granges de Crespant, *dépendantes de Prally.*	3
Les Granges de Villey, *dépendantes de Montigny-sur-Aube.*	5
La Margelle, *annexe de Poinssons les Grancey.*	35
La Marnotte, *dépendante de Balesmes.*	2

	Nombre de feux		Nombre de feux
LANGRES, *ville, évêché, duché-Pairie, bailliage, presidial, juges-consuls, grenier à sel,* 5. *grosses fermes, maréchaussée,* 2. *casernes,* 50 *lieues.*	1800	Montesson, *an. de Pierrefaite.*	33
Lannes.	83	Montigny le Roy, *ville, Prévôté, Justice royale, cinq grosses fermes.*	152
La Papetrie du Valdône, *hameau dépendant de S. Martin lès Langres.*	4	Montigny sur Aube, *ville, cinq grosses fermes.*	146
La Vernoy, *an. de Vicq.*	42	Montigny sur Vingenne.	73
Lavrigny, *hameau dépendant de Frecourt.*	5	Montlandon.	56
Le bourg de Ste. Marie.	67	Montmot, et le moulin Domparis, *hameau dépendant de Marcilly en Bassigny.*	7
Lecey, et la grange de Chardenot.	53		
Lecourt, *annexe de Lenizeulle.*	32	Montormentier, *annexe de Percey le petit.*	21
Lenizeulle.	43	Mautfaujon, *ville, grenier à sel, cas.* 64. *lieues.*	69
Le Pailley.	90	Mornay.	42
Les Goulles, *annexe de Lignereulles.*	26	Moüilleront , *dépendant pour le spirituel de Mussuot.*	15
Les Loges.	63		
Leuchey et la grange de Bagneux, *annexe d'Aujeure.*	48	Mussuot, *hors ce qui est du Duché de Bourgogne.*	3
Leugley.	54	Nota. *Ce lieu n'a commencé à être compris en partie dans le Département de Champagne, qu'en* 1719.	
Licey.	22		
Lignereulles.	39	Neuvelle lès Coiffy.	67
Longeau, *an. de Bourg.*	73	Neuvelle lès Grancey, *annexe de Poinssons lès Grancey.*	27
Louvieres.	48		
Lucey et Faverolles.	77	Neuvelle lès Voisey.	94
Maast et le Socq, *annexe de Coublanc.*	40	Neuilly l'Evêque.	153
Maizieres.	83	Ninville.	35
Maizoncelles, *annexe de Clesmont.*	39	Nogent-le-Roy, *ville, prevôté, Justice royale non ressortissante,* 5. *grosses fermes.*	298
Mandres.	43		
Marac, *hors ce qui est du Duché de Bourgogne, annexe d'Ormancey.*	42	Noydent—Châtenoy, *annexe d'Heüilley cotton.*	45
Marcilly en bassigny.	124	Noydent le Rocheux.	67
Marcilly les Tilchâtel, *annexe de Tilchâtel.*	36	Noyers en bassigny.	49
		Occey.	50
Mardor , *annexe d'Ormancey.*	29	Orbigny au Mont.	49
Marigny.	12	Orbigny au Val.	47
Marnay.	52	Orcevaux, *annexe de Flagey.*	33
Maulin.	43	Ormancey.	56
Meuxe, *dépendant d'Avrecourt.*	31	Oudival.	39
Montcharvot.	40	Palaiseul, *dépend. d'Heüilly le grand.*	32

Nombre de feux		Nombre de feux	
Vesaignes.	41	Voncourt.	29
Vexaulles.	91	*Paroisses privilégiées, c'est-à-*	
Viaulot, *annexe de Riviere*		*dire qui ne paient point de*	
le Bois.	48	*taille, mais seulement la Ca-*	
Vicq.	154	*pitation.*	
Vielmoulin, *an. de Noy-*		Aigremont et la Riviere,	
dent le Rocheux.	20	près Bourbonne.	190
Villars le Pautel.	119	Buxieres et Bémont.	404
Villars Montroyer.	39	Grignoncourt, *miparti de*	
Villegurien.	48	*France et de Lorraine.*	8
Ville lès Gratedos, *Ham.*		La Côte S. Antoine de Pa-	
dépendant d'Aprey, Du-		de lès Passavant, *mipar-*	
ché de Bourgogne.	4	*ti de France et de Lor-*	
Villemeruy.	32	*raine.*	25
Villemoron, *dépendant de*		La Verriere et la Rochere.	8
Queussey, an. de Gran-		Martinvelle, *miparti.*	15
cey.	35	Mont, *miparti.*	49
Villeneuve en Angoulan-		Mont heureux le sec, *en-*	
court.	32	*clavé de plus de 4. lieuës*	
Villeneuve sur Vingenne,		*dans la Lorraine.*	40
annexe de Montigny sur		Valleroy le sec.	35
Vingenne.	43	Tuillieres.	19
Villiers lès Aprey.	40	Gresil, *château.*	1
Vitry en Bassigny.	56	Passavant, *miparti, près la*	
Vitry en Montagne et Cha-		*forêt du même nom.*	50
meroy, hors ce qui est		Vougecourt, *trisparti de*	
du Duché de Bourgogne.	49	*France, Bourgogne et*	
Vivey, *annexe de Germai-*		*Lorraine.*	21
ne.	15	Rigny sur Saone, *vers le*	
Voisines.	59	*comté de Bourgogne.*	110

ÉLECTION DE BAR-SUR-AUBE.

Nombre de feux		Nombre de feux	
Ailleville.	41	*non ressortissante, Gre-*	
Aisanville.	29	*nier à sel, Maréchaus-*	
Amance.	49	*sée, 2. casern., 40 lieuës.*	665
Ambonville.	71	Bayel.	60
Anglus.	28	Bergere.	44
Arconville.	49	Bertignolle.	38
Argançon.	49	Bertignicourt.	26
Argentolle.	31	Beurey.	114
Arrentiere.	92	Beurreville.	67
Arsonval.	68	Blaignicourt.	26
Aunay.	42	Bligny.	85
Balnot, et le hameau de		Blumerée.	55
Vaudron.	68	Bossancourt.	68
Baroville.	82	Braban, *hameau de la pa-*	
BAR-SUR-AUBE, *ville,*		*roisse de Corbeil.*	36
Prevôté, Justice Royale		Braux-le-Comte.	57

Nombre de feux   Nombre de feux

Braux lès Châtel-Vilain.	94	Gyé sur Seine, *bourg.*	213
Briel.	74	Hampigny.	85
Brienne la vieille.	90	Haricourt et le hameau de	
Brienne le Châtel, *ville.*	285	Bierne.	50
Brillecourt.	31	Humbersin, *hameau dé-*	
Buché, *annexe de la pa-*		*pendant de la paroisse de*	
roisse d'Argentole.	27	*Blumerée.*	23
Ceriziers.	51	Jasseine.	51
Chalette.	76	Jaucourt.	77
Champcourt.	33	Juvancourt.	55
Champigneulle.	108	Juvandé.	17
Chaource, *ville.*	227	Juzanvigny.	44
Charvé.	104	La Chaize, *annexe de la*	
Chassenay.	42	*paroisse de Chaumesnil.*	13
Chaumesnil.	24	La Chapelle d'Oze, *ferme*	
Chesley.	116	*dépendante de la parois-*	
Cire-Fontaine.	95	*se de Lantage.*	1
Clairvaux et les granges.	43	La Ferté-sur-Aube, *ville,*	
Collombé la Fosse.	126	*Justice royale, casernes.*	187
Collombé les 2. Eglises.	128	La Genevroye, *annexe de*	
Collombe le secq.	77	*la paroisse de Marbeville.*	8
Corbeil.	69	La Gesle.	75
Cormont, *annexe de la*		La Loge-Megrigny, *ham.*	
par. de la Motte en Blesy.	11	*dépendant de la Ville-*	
Courtenot.	34	*neuve Megrigny.*	27
Courteron.	70	La Maison des Champs,	
Couvignon.	81	*Hameau dépendant de*	
Crespy.	44	*Mesnil-Fouchard.*	20
Cnufin.	90	La Motte en Blesy.	54
Cussangy.	107	Lantage.	96
Dampierre.	149	Lanty.	87
Dienville, *ville.*	241	La Rothiere.	48
D'Inteville.	63	Lassicourt.	35
Dommartin le Cocq, *ham.*		La Ville aux bois lès Soû-	
dépendant de la parois-		laines.	36
se de Jasseine.	16	La Ville aux bois lès Van-	
Doulancourt.	30	deuvre.	21
Engente.	22	La Villeneuve aux Frênes,	
Esclance.	48	*annexe de la paroisse de*	
Esguilly.	62	*Collombé les 2. Eglises.*	13
Espotémont.	38	La Villeneuve-Mesgrigny.	66
Essoye, *bourg.*	238	Le Champ au Roy, *anne-*	
Fligny.	57	*xe de Vandeuvre.*	17
Fontaines.	75	Le petit Mesnil.	44
Fontette.	103	Le Puits et le Hameau de	
Fravaux, *annexe de la pa-*		Nuisement.	73
roisse d'Espoy.	15	Les Granges de Cussangy,	
Fravigne.	31	*annexe de la paroisse de*	
Fresnay.	47	*Cussangy.*	20
Gersains.	49	Les maisons de Chaource,	
Grancey sur Ource.	95	*annexe de Chaource.*	63
Gundrecourt.	35	Le Val de la Fontaine,	

	Nombre de feux		Nombre de feux
ferme dépendante de la paroisse de Cunfin.	1	Proverville.	33
Le Val-Suzenay, *ferme dépendante de Vougrey.*	1	Radonvilliers.	91
		Renepont.	91
Levigny.	73	Rizaucourt.	49
L'Huitre, *bourg.*	183	Romaine, *hameau dépendant de Vaugogne.*	18
Lignol.	88	Ronray.	103
Lonchamp.	60	Rouvre.	91
Longeville.	117	Roziere.	46
Long-Pré.	81	S. Christophe.	16
Louze.	141	S. Leger sous Brienne.	59
Magnan.	107	S. Usage.	58
Maisons.	18	Saucy.	30
Maizieres.	53	Sauvage-Mesnil.	22
Maranville.	98	Silvarouvre.	82
Marbéville.	48	Soulaine.	155
Marmesse.	42	Spoy.	109
Marolle.	71	Thil.	82
Mesnil-Aubert, *hameau dépendant de Brienne le Châtel.*	16	Thil-Fontaine, *ferme dépendante de la paroisse de Longchamp.*	1
Mesnil-Fouchard.	51	Thilleux.	47
Mesnil S. Pere.	53	Thors.	27
Mets Robert.	25	Thieffrain.	63
Meurreville.	57	Trannes.	58
Mirebel, *annexe de Marbeville.*	27	Tremilly.	56
		Valantigny.	50
Monthier en l'Isle.	82	Valliers.	70
Montmartin.	19	Vandeuvre, *ville, casernes.*	316
Moremberg, *hameau dépendant de Vaugogne.*	15	Varnonfay, *ferme dépendante de la paroisse d'Arrentiere.*	1
Morvilliers.	70	Vauchonvilliers.	54
Mussy-l'Evêque, *ville, justice royale, Grenier à sel, 5. grosses fermes, 44. lieues.*	226	Vaudrimont.	69
		Vaugogne.	53
		Vernonvilliers.	39
Neuville sous Gyé.	174	Verpilliere.	89
Neüilly.	103	Villars en Azois.	72
Noyers, et le hameau de Mallet.	62	Ville en Trode.	111
Ormoy.	66	Ville sous la Ferté.	70
Parques.	84	Villiers sous Praslin.	70
Pel et le hameau de Dert.	72	Virey sous Bar.	44
Perthes en Rothiere.	39	Vitry le Croisé.	174
Plaines et le hameau de S. Langes.	82	Unienville.	63
Polligny.	23	Voigny.	59
Praslin.	72	Vougrey.	26
		Urreville.	98
Prats, *annexe d'Argentolle.*	28	Yevre, et le hameau de Courcelle.	64

ÉLECTION DE TROYES.

Nombre de feux

Nombre de feux

Aixe-en-Othe et les hameaux de la Vanne, Druisy, Pitouelle, Laboüillant, les Chevreaux, les grandes et petit. Vallées, le Mineron, les grandes et petites Cornées, et le Jard. 249

Allibaudieres. 62

Angluzelles et Courcelles, *annexe.* 40

Arcis-sur-Aube, *ville, grenier à sel,* 40. *lieues.* 238

Argentolle, *hameau dépendant de la paroisse de S. Parre aux Tiltres.* 13

Assencieres et le hameau du Megnil. 115

Avans. 72

Aubeterre, *hameau dépendant de Montfuzain.* 24

Aubigny, *hameau dépendant de Vignets.* 57

Avon, et le hameau de la Peze. 71

Auzon. 55

Baissy. 37

Barberay aux Moines, *hameau dépendant de S. Lié.* 19

Barberay saint Sulpice. 51

Beaumont, Larrivoux, et Vaudemanché, *hameaux dépendans de la paroisse de Lusigny.* 24

Bellay, *hameau dépendant de S. Parre aux Tiltres.* 24

Bercenay-le-Hayer, et le hameau de Lanneret. 50

Bercenay-en-Othe et les Hameaux de Consise et Berunelle. 83

Bierne, *hameau dépendant de Mousset.* 23

Blaincourt et les hameaux de Vaubercy et d'Epagne. 90

Bonsaq. 29

Bouchy-le-Repos, et les hameaux de Lhome, la Soussiere-Lespinoux, et les Fermes appelées les Rousselots. 54

Boüilly, et le hameau de Souligny. 262

Boulages. 74

Bouranton. 45

Bourdenay et le hameau le Boudeau. 54

Boüy. 54

Brantigny. 36

Bray, *hameau dépendant de la paroisse d'Isles.* 19

Brevonne. 109

Bricot la ville et l'Abbaye. 21

Buscheres, *hameau dépendant de Verrieres.* 42

Bussey et les hameaux des grand et petit Chatre. 55

Cerre et Monceaux. 59

Chalautre la grande et les hameaux de Foucheres, Ordon, Pijoly, Pifron et des Chaises. 182

Chamoy, et les hameaux de Vejuré, Vaumoncourt et Souschenu. 165

Chantemerle. 31

Chappes. 68

Chapelle S Luc. 49

Chapelle S. Nicolas et le hameau de Pert-Noussiaux. 43

Chapelle S. Pere. 166

Chapelle-Vallon. 106

Charmeceaulx, *annexe de la paroisse de Bouy, élection de Nogent.* 5

Charmont. 96

Charmoy. 20

Charny, et le hameau le Bachot. 59

Châtillon-sur-Moran, et le hameau de Seu. 60

Châtres. 62

Chauchigny. 74

	Nombre de feux		Nombre de feux
Chaudrey, et le hameau d'Ortillon.	90	Nuisement.	91
		Fontaine lès Luyeres.	31
Chenegy et le hameau de Valdreu.	127	Fontaine lès S. Georges.	26
		Fontaines sous Montai-guillon.	32
Chevilieles, et le hameau de Breban, *dépendant de la paroisse de Laines aux bois.*	18	Fontvannes.	61
		Foucheres et Vaux.	61
		Frenoy, *hameau dépendant de Clerey.*	36
Clerey, et les hameaux de Courcelles, de Regnault, du Plessy, de la Borde, du haut et bas Chêne, de Courcelle, et la va-cherie.	159	Gerodot.	101
		Grandville.	84
		Herbisse.	82
		Javernant.	73
		Isles et Chantemerle.	50
Clesles et le hameau du Megnil.	75	Isles sous Ramerup.	63
		L'Abbaye sous Plancy.	28
Cocloix, *bourg, annexe de Nogent-sur-Aube.*	75	La Borde d'Isles, *hameau dépendant d'Isles.*	25
Cormost, *hameau dépen-dant d'Isles.*	24	La Forestiere, le hameau de la Charmelle, et les Fermes.	67
Couflans et le hameau de Luré.	88		
Courcemain.	32	Laines aux bois, les ham. des grandes et petites Vallées, les Galilées, et la ferme des Crols.	146
Courgeraines, *hameau dé-pendant de Verrieres.*	15		
Courteranges.	30	La Loge-Pont-Belin.	21
Crenay.	97	Lantilles.	73
Cresantine, *dépendant de S. Phale.*	83	La Scelle sous Chante-merle.	74
Croncels, *dépendant de S. André.*	62	Lavaux et Lavalotte, *ha-meaux dépendants de Pont sainte Marie.*	76
Culoison, *hameau dépen-dant de S. Maur.*	61	Laubressel.	90
Daudes.	23	La Venduë-Mignot, *ha-meau dépendant d'Isles.*	22
Dierrey saint Julien, et le hameau de Moire.	93	Le Chêne.	66
Dierrey S. Pere.	94	Les Loges-Marguéron.	62
Dosches.	31	Le Megnil-Lettres.	51
Dosnon.	88	Les deux Torcis.	102
Droupes S. Basles et Vil-liers.	95	Les Essards-le-Vicomte, et le hameau de la Pin-bodiere.	43
Droup sainte Marie.	55		
Eschemines.	52	Les Monts.	115
Esclavolles.	24	Les Noës.	60
Estrelles.	35	Linzon, l'Epine, S. Ger-main, et les hameaux de Laines, Boureuses, et Courcelles.	106
Faux et le hameau de Fresnoy.	107		
Fols et le hameau de Vil-lecerf.	52	Lirey et Villery, *hameau dépendant de S. Jean de Bonneval.*	130
Fontaine-Beton, le ham. de la Sauceleta, et les fermes de Volonniere et		Longsaux.	62

Nombre de feux

Vailly et Feuge. 69
Vallans S. Georges. 52
Vannes, *annexe de S. Maure.* 38
Vauchassis, *bourg.* 119
Vaudes. 56
Verrieres. 45
Viaspre le grand. 32
Viaspre le petit et le hameau de Champigny. 64
Vignets. 76
Villacerf le grand. 67
Villadin. 70
Villechetif, *hameau dép. de S. Parre aux Teltres.* 38
Villehardoüin. 54
Villeloups prés d'Isles, *hameau dépendant d'Isles.* 79
Villemereüil, *hameau dépendant de Moussey.* 44
Villemoiron, et les ham. de Juvanson de Cra-né. 73
Villemort, et le hameau

Nombre de feux

des Bordes. 107
Villemoyenne. 81
Villenauxe, *ville,* et le hameau de Dival. 636
Villeneuve aux Riches-hommes. 7
Villerets, *hameau dépendant de Beaufort-Montmorancy, Election de Vitry.* 39
Villesurterre. 90
Villette. 33
Villevauque et le hameau de Villiers. 43
Villiers aux Corneilles, *hameau dépendant de Pottangy.* 18
Villy lès Herbisses. 101
Villy le Maréchal, et les hameaux de Romenay, et Villy-le-Bois. 99
Vireloups prés le Pavillon. 88
Voix-Poisson. 39

ÉLECTION D'EPERNAY.

Nombre de feux

Ambonnay et le moulin à vent. 89
Antenay et le hameau du Chemin, la ferme de Nogent, et le moulin à eau. 46
Athye, le moulin à eau, et le moulin à vent. 169
Avenay et les trois moulins à eau. 267
Ay, *ville,* et le moulin à vent. 678
Baslieux, les Hameaux de Meleroy et de Hurtebize, et la ferme de Londeau. 43
Billy. 11
Bisseüil. 161
Boursault, les hameaux de Villesaint, Villemongeois et la Care, les fermes appelées Jouy, les

Nombre de feux

Godins, Lépine, Lespatie, Belveu, les Fretons et Boursois et le moulin Jean-Gueux. 106
Bouzy. 42
Brugny, les Hameaux la Grange-le-Comte, les Limonds et Breue, les fermes la Grange Ablet, la Poissonnerie, Dieudonné, la Ravaine et Pivent, et le moulin à eau. 69
Chamvoissy, les hameaux de la Chapelle, la Défense et du Parcq, et les fermes dites le Fonds de Morue, Bruslard, et la Fosse. 83
Châtillon sur Marne et le moulin l'Estang. 163
Chavot, l'Eglise appelée

Nombre de feux   Nombre de feux

Montfelix et le hameau d'Eschaufourt, la ferme de la Grange aux bois, et le moulin dit l'Estang. **59**

Cherville. **20**

Chezy lès Bisseüil.

Choüilly. **186**

Comblizy, les Fermes le Clos-Millon, Montgarny et Cocheret, et le moulin à eau. **28**

Condé, le hameau de Brabant, le moulin à vent, et les deux moulins à eau. **135**

Courthiery, le hameau les Lienards et la ferme les Cocqs. **70**

Crament. **82**

Crilly–le–Moulin, *ferme.* **1**

Cuchery, les hameaux de Belval, la Neuville, Paradis, le Recours, la Poterne et Grandpré, les deux fermes de la Fortette et la Charmoise. **194**

Cuisle et le moulin à eau. **36**

Cumiere et le moulin à eau. **169**

Cuys. **122**

Damery, *ville,* le hameau d'Artye, et le moulin à eau. **347**

Dizy, et le hameau de Champillon. **75**

Dormans, *ville, casernes,* les hameaux de Chavenay, Vassieux, Vassy, Trie, Champayé, Sainte Croix, la Grange au bois et la Fontaine creuse, et la ferme de Savigny. **428**

ÉPERNAY, *ville, duché-pairie, baillage, justice royale non ressortissante, grenier à sel, maîtrise particuliere,* 5. *grosses fermes, mareschaussée,* 2. *casernes,* 30. *lieues.* Les hameaux les Aulnois et S. Antoine, la ferme, les forges, et le moulin de la Goisse. **747**

Festigny, les hameaux la Neuville, le Virier, le Mesnil et le Champ de la Reine, les fermes Belair, la Boulonnerie et Beaurepaire, et les trois moulins de Fontenay, de la Nonette et du Mesnil. **109**

Fontance. **17**

Germaine et le hameau de Vauremont. **47**

Hautvillers et la Thuillerie. **187**

Igny le Jard, les hameaux les Moussais et la grange Gaucher, les fermes appelées le Trou d'enfer, les Hollois, la Corre, et la rue Jacquier. **97**

Isses. **14**

La Malmaison et le ham. de Charlesfontaine.

La Neuville en Beauvais. **9**

La Neuville en Chalois. **12**

Le Baizil, le hameau les Basties, et la Ferme la Croisée. **56**

Les grandes Loges. **29**

Les Istres et les hameaux de Bury et de Flavigny. **32**

Louvois. **34**

Lucy, le hameau de Pigny et la ferme de Bonnemouche. **25**

Luvrigny, les hameaux du Champ de la Reine, Sauvridet, et le moulin Nantet, les fermes de la Charbonniere, de Mizy, et de la Rabotterie. **59**

Mancy, le hameau Halancourt, Argensol, *abbaye de Filles,* le moulin de ladite Abbaye et le moulin à eau. **44**

Mareüil en Brie, les fermes les Bourdons, la Forgerie, Courcelles, la de Haubry et les Pierry, et le moulin à eau. **82**

Mareüil, et les hameaux

Nombre de feux

de Serseüil et du port. 102

Mareüil sur Ay. 181

Mardeüil, et la ferme de la Borde. 68

Montarmé, *ferme ruinée.*

Monthelon, le hameau Montauban, la Ferme Tournebanne et le moulin à eau. 111

Montmort, les Hameaux appelez la Corre, la Chauderue, Meure, la cense Pernet, la Blancherie, Hautepensée, Mardelle et les Boulots, les fermes dites le gros Moulin, le Basleroy, l'Abbaye de la Charmoy, la ferme de l'Abbaye, l'Etang Claudin, le Merlu et la grange Laurent, et les deux moulins à eau. 145

Morangis, et la Ferme de Grimperet. 30

Moulins, les hameaux les Buzon et Petin, la ferme les Seulions, et le moulin aux Buzons. 74

Mouffy, les Hameaux de Corrigot, la Loge-Pinard et la Buasserie, la ferme de Pierry, et le moulin Gresleu. 118

Mutigny et la Ferme Caribery. 17

Mutry.

Nesle, le hameau de Montmergy, la Ferme de Champmoyen et le moulin à eau. 73

Oeüilly, le Hameau de Montvoisin et les censes dites Carré, Boisbrûlé et Pierre-Egues. 86

Oirey. 39

Orgüigny, les hameaux les Niards et Montigny, l'Eglise appelée Binson et la Ferme, le moulin carré, le moulin du jour, le moulin d'Authenay.

et le moulin Sablon. 105

Passy, et les hameaux de Grigny, Pareüil, des Roziers, la Colleterie, la Galopinerie, la Gourdonnerie, la Chenarderie, la maison dite la Grosse-Pierre, les ferm. de Trotte, Moulin-le-Comte, Coupigny et le Temple, et le moulin à eau. 139

Pierry, le Hameau de la Marqueterie, et le moulin des Forges, appelé S. Julien. 50

Plivot, et le moulin à vent. 105

Reüil, et le Hameau de l'Echelle. 69

Ste Gemme, les hameaux de Neuville et la Briere, la ferme de la Grange au bois, et le moulin à eau. 94

Saint Martin d'Amblois, *bourg*, les Hameaux Montbayon, le Sourdon, Bassemoulins, la grande Lua et S. Amand, les Fermes de la Place au puits, grand Losse et les Meuliers, et les deux moulins à eau. 182

Soilly, les Fermes de la Bourdonnerie et de la Boullonnerie, et le moulin à eau. 48

Suizy, les Hameaux de Beaumont, le champ des Chevres et Coursemont, les Fiefs de Maucreux, et les fermes de Frevend, la Pommerie, le Lohan, la Marquerie, les Molineaux et les Aulnois. 50

Tauxiere. 94

Tours-sur-Marne. 161

Trepail. 99

Troissy, *bourg*, les ham. de Bouquigny et des Gibart, l'Amour – Dieu,

Nombre de feux

abbaye de Filles, la ferme de l'abbaye et celle de Poillou. **164**

Vaucienne, les fermes du Camois et de la Chapote, et le moulin à eau. **49**

Vandemauge et le moulin à vent. **70**

Vaudencourt, le Hameau de Courcourt, et la ferme le Jard. **43**

Vendiere, le Hameau de Trotte, et les fermes dites le Moulin, le Compte, la cense, et le grand Essart. **112**

Venteüil, le Hameau de

Nombre de feux

Tincourt, et les fermes Harnotes et Frevent. **175**

Verneüil, haut et bas, *bourg*. **187**

Vertuelle. **13**

Villenselve. **59**

Ville en Tardenois. **134**

Villiers sous Châtillon, le Hameau les Niards, la Ferme les Foureaux, et les trois moulins à eau. **47**

Vinay, les Hameaux de Montgerand, Tincourt, et Rigoblin, et la thuillerie dite la Ramée. **75**

Vincelles. **100**

ÉLECTION DE SEZANNE.

Nombre de feux

Allemant. **107**

Allemanche, la cense de de Sausay et le village de Launay. **26**

Anglure, *ville*, et la ferme de la Bellassise. **95**

Bagneux, et les hameaux de Becheret et de Montaon. **163**

Bannay et la partie du hameau les Pisserottes. **14**

Barbonne, *ville*, les deux paroisses de Queude, et Fayel, et le hameau de Lancourt. **232**

Baudemant. **30**

Bergere, et le hameau de Boutavant. **48**

Boisy, et les hameaux de Bifontaine, la basse et haute Vaucelle, la Pomerosé et la Charmotte. **66**

Broussy le grand, le hameau le Mênil, et la ferme d'Inglure. **74**

Broussy le petit et la ferme du Fresne. **50**

Broyes, *bourg*. **158**

Nombre de feux

Chamguyon, la ferme dite les Cordeliers, et celle des vieux Essarts. **78**

Charleville, *ville, principauté*, 5. *grosses fermes* et le hameau le Clos. **66**

Chiché, et le moulin le Choyel. **29**

Courbetaut, quatre maisons de Maclaunay, le hameau de Mondant, le Prieuré de la Grace, et la Ferme. **58**

Courgivaut, et le hameau de la Montagne. **64**

Corsélix, le hameau les Culots, la ferme, S. Brisson et la maison dite les Forges. **43**

Escardes, les Hameaux de Mormey, le Prédubut, et le haut d'Escardes. **32**

Esternay, les hameaux le Franc, les Rivieres, Retournelon, le Patis, les Foulons et la Ferme le Poncet. **129**

Fontaine-Denis. **162**

Nombre de feux | | Nombre de feux

ticulière, maréchaussée, 2. casernes, 24. lieuës. Les fauxbourgs Goyer, de Broyes, et Nôtre-Damé, les hameaux de Retortat et la Thuillerie, la Guette-Thuillerie, le Poncelet, Moulin Frieul *ferme*, et le hameau du petit vin, *dépendant du fauxbourg Nôtre-Dame*. 867

Soigny. 17

Soisy au bois, la thuillerie et la maison. 39

Soyer. 9

Thaas. 22

Trefols, les Hameaux de Doussigny, des Chignoux, de Jean Gilardet et le Roüilly, les fermes la Commanderie, et la

Roquenelle. 32

Tresnel. 5

Verdey, le hameau Villiers–Placcard, le prieuré de la Val–Dieu et le moulin. 27

Villeneuve lès Charleville et le hameau de Chapton. 39

Villeneuve la Lyonne, les hameaux de Boisfray, le Menil-Cartarin, les Hublets et Vaulevrost, les fiefs et fermes de Montmitou et Pothis. 67

Villeneuve la Louvotte et Villeneuve S. Vite, 2. *paroisses*. 48

Vindey, la thuillerie, et la maison dite la Fosse aux Pleux. 46

Voüarces. 9

ÉLECTION DE REIMS.

Nombre de feux | | Nombre de feux

Addon. 45

Aire et le moulin à vent. 84

Allendh'uy. 96

Antheny et Paroisse, les hameaux de Champlin et Auge, le château de Fontenelle et la maison. 216

Aougny, la ferme du Plessis et la maison Rozoy. 58

Aoust et les hameaux dits la Ferée et le Mont de Pierre. 228

Arcy, le Ponsard, et Igny l'Abbaye, trois fermes, le hameau la Vallée, et la ferme appelée Berry. 159

Ardeüil. 24

Artaize, et le hameau de Viviers. 71

Attigny, *cinq grosses fermes*, les deux fermes et le moulin. 166

Avanson et le moulin. 101

Avaux la ville, *comté*, et

la cense de la Maladerie. 206

Avaux le Château. 131

Auberive. 121

Aubigny et le hameau des Oliviers. 70

Aubilly et le moulin à hotte. 22

Avesgre et Marvaut. 34

Aulnay, *ferme*, et la cense de la Fosse. 2

Aumenancourt le grand, et la maison du Pont Guyard, qui est en partie de l'Election de Laon. 47

Aumenancourt le petit, trois maisons du Pont Guyard, et le moulin à eau nommé Guerlet. 40

Aure. 33

Aussonce, et la ferme de Merland, appartenant à l'ordre de Malthe. 76

Auvilliers les Forges. 104

	Nombre de feux		Nombre de feux
Bàconnes.	55	Lochefontaine.	28
Bailleux lès Fismes, et le moulin à hotte.	78	Bourgogne lès Reims.	111
Bairon, les maisons dites Claire et Remonté, et les deux moulins.	17	Bouvancourt, le hameau de Vaux et le château.	53
		Boüy.	91
Balham et le moulin à eau.	57	Branscourt.	44
Banogne et le hameau de Rousselois.	58	Breüil et les fermes d'Ormont, de la Ville aux bois, Vassieux et Voisin.	16
Bay, le hameau de Blanchefosse, et la ferme du grand Cailloux.	94	Brimont.	75
Bazancourt, *Doyenné de Lavanne*.	98	Broüillet et le moulin à eau.	27
Bazancourt sur Bar, *ferm.*	3	Bruyeres et le hameau de Crecy.	33
Beaufort en Argogne, et le hameau.	144	Caurel lès Lavanne.	102
Beaumont en Argogne, *ville*, *justice royale*, les deux fermes et le moulin à vent.	281	Cauroy lès Hermonville, la ferme du Godart, et le moulin à hotte.	111
		Cauroy lès Machaux.	46
Beaumont en Ariot.	12	Cernay lès Reims.	258
Beaumont sur Veesle.	50	Chagny lès Omont, et les maisons.	95
Bégny.	29		
Beine.	163	Chalon le Meldeux, Chalmel et S. Obeuf, *fer.*	3
Bermericourt.	14		
Berû, la ferme de Roussillon, et le moulin à vent.	185	Chalon sur Veesle, et le moulin à eau appelé Compensé.	24
Bethaucourt.	16	Chambrecy, et le moulin Doyau.	38
Betheniville.	84	Chamery.	175
Betheny et Thourrizet.	190	Champfleury.	56
Bezannes.	114	Champigny.	20
Bignicourt.	34	Champlat, le hameau de Boujacourt, et la ferme de Chanteraine.	67
Blanchefosse et le hameau de Bonnefontaine.	102		
Blanzy.	117	Chappes, et la ferme de Vilaine.	73
Bligny.	29		
Blombay et Paroisse, le village de Marbye, et le hameau.	142	Château − Porcien, *ville, grenier à sel, 5. grosses fermes*, et les maisons dites Gand et Pargny.	521
Bogny lès Martin.	24		
Bouconville et Paroisse, le hameau de Francfossé, le château et la ferme.	66	Chaudion et le bois planté. *Le bois planté est absolument détruit.*	8
		Chaveuge et la maison.	59
Boüilly, la ferme de Commetreüil, et le moulin à hotte.	34	Chaumont en Portien et le hameau de Pagant, le moulin de Balivoire, les Fermes de Mauroy, de Trion, Châtigny et Chevrieres, le moulin à eau appelé le Lutiau, et le	
Bouleuze.	21		
Boult sur Suippe.	144		
Bourgogne et la ferme de			

Nombre de feux

moulin à vent. · 179
Chaumontagne. 2
Chaumuzy et les hameaux
de Cohedon, Spilly, Nap-
pey, les Hayes, Esque-
lin, Rouvroy, Revilton,
et un moulin. 186
Chenay. 75
Chestres. 49
Chigny en Montagne. 170
Chilly, *autrement dit* Ge-
zilly, et la ferme. .
72
Chuffilly. 25
Claire–Fontaine. 23
Coëmy. 17
Condé lès Erpy. 43
Cormicy, *ville, grenier à
sel, 5. grosses fermes*, et
le moulin à hotte. 256
Cormontreüil et la ferme
de Nuizement. 95
Cormoyeux, le hameau de
Romery et le moulin. 111
Coulommes en Montagnes. 71
Coulommes lès Attigny et
le moulin à hotte. 44
Courcelles les Rônay. 44
Courcy, Fossé et Rocquin-
court, *ne font qu'un seul
village*. 72
Courlandon. 34
Courmas. 40
Courmelois. 23
Courtagnon, et les deux
fermes. 40
Courville, et la ferme de
la bonne maison. 123
Crugny. 137
Daï. 15
Deville, les hameaux de
Secheval et de la Bou-
verie, et les Forges. 58
Dommely, et le moulin à
eau. 62
Dommery et les deux châ-
teaux. 80
Dontriain, et la ferme de
Menesson. 62
Dreze. 51
Erpy. 119
Escharson, *hameau*. 10
Escly, le hameau de To-

Nombre de feux

rin, et les moulins de
la Fosse et de la Rayée. 59
Escuëil, le hameau de Bel-
lois, la maison de la
Houette, et le moulin à
vent. 89
Espoye. 63
Estalle, les hameaux de
Prez et Rogerchamp, et
Nouville, *qui n'est plus
qu'une mazure*. 32
Estrebay, le hameau de
Girondel, la paroisse, et
les maisons détachées. 140
Fagnon et les trois fermes
appartenantes à l'Ab-
baye de Sept-Fontaines. 48
Fallaize et la ferme. ·110
Faverolles. 55
Ferrieres. 28
Fismes, *ville, bailliage,
justice royale,* Fis-
mettes, *fauxbourg de
Fismes*, le hameau de
Cours et le château, la
maison et le château de
Villette. 407
Flaignes et le hameau des
Oliviers. 75
Fleury la Riviere, le châ-
teau et le moulin, les
hameaux de Beauregard,
Montorgueil et Radet,
et la ferme du Goulot. 287
Fligny. 72
Fontaine en Dormois. 33
Foulzy, Estaiguiere et Re-
gnouhé, *trois villages
qui ont chacun leur Cu-
ré. Il y a plusieurs ha-
meaux situez hors des
terres de France.* 233
Fraillicourt, le hameau de
Radoy, et la ferme de
Berthincourt. 93
Fresne, et la Chapelle de
Marqueuze, *détruite*. 46
Germigny. 38
Gerzicourt, *ferme*. 3
Givron, et les fermes de
Courbruine, de Fondy
et le Fleury. 73

Nombre de feux   Nombre de feux

Les maisons du Mont-Dieu, *mais. dispersées.*	18
Les Masures et deux maisons situées dans les bois.	133
Les Mesneux lès Reims, et le moulin à vent.	130
Les petites Loges.	14
Les petites Armoizes.	45
Lestanne.	54
Les Trembleaux.	18
Lethour et Paroisse, la ferme de la Croix, et le moulin à vent.	94
Livry et le château.	70
Lognis-Bognis et trois maisons écartées.	64
Logny lès Chaumont, et le moulin à eau.	33
Loivre et Gehery, et le moulin à hotte. *Gehery ne subsiste plus.*	78
Loony lès Renvuez.	59
Louvercis et le moulin à eau.	50
Ludes, la thuillerie, et une maison sur le chemin de Louvois.	163
Luternay, *ferme.*	2
Lyart et trois fermes écartées.	87
Maigneux lès Fismes.	51
Mailly, *bourg*, et la maison appellée Romont.	109
Maimbresson et le moulin à eau.	34
Maimbressy, les hameaux de Thierry-Prez, Ribauville et Verdron.	117
Maisoncelles.	18
Malmy en Dormois.	39
Manre.	65
Marenvuez.	33
Marfaux et les fermes appellées Grandchamp, Petitchamp, Cuitron, Bulain et Caurier.	87
Marlemont.	81
Maubert-Fontaine et les deux fermes, *lieu abonné.*	40
Merfy et Villers sainte Anne, et le moulin à eau	

appellé Maco. *Villers sainte Anne ne subsiste plus.*	87
Mery en Montagne, les 2. moulins à hotte appelez Toisy et Tourtay, et la cense de Benneuil.	11
Mery lès Attigny.	11
Mesmont, le château de la Malmaison, et la briqueterie.	75
Mombret et le moulin à vent.	74
Montcheutin.	47
Montcornet en Ardennes, et trois maisons situées dans les bois de Rocroy.	76
Montfauxeüil et le moulin à eau.	25
Montgon. *Ce lieu est composé de plusieurs maisons écartées.*	26
Monthois.	92
Montigny sur Veesle, les fermes de Lorme, de la Bassiere et du Couleau, et le moulin des Eventaux.	83
Montmélian et cinq maisons situées autour du village.	56
Mont saint Martin.	62
Mont sur Courville, et la ferme de Puizeux.	43
Mourmelon le grand et le moulin à hotte.	72
Mourmelon le petit, et le moulin à hotte.	53
Muison, la maison appellée les Vautes, et la ferme de Ste Lurdre.	28
Murtin.	41
Nampteüil sur Aixne, et le château.	39
Nanteüil, les hameaux de Marmerin, Presle et Cardenay, et la ferme de Sarbruge.	81
Nauroy.	36
Neuf-Maisons.	36
Neufvisy.	43
Neuville lès le Chesne.	93

	Nombre de feux		Nombre de feux
S. Fergeux.	82	Sery et la ferme de Couvercy.	196
S. Germainmont, le moulin de la cense des Barres, et un autre moulin à eau.	123	Serzy, et la maison appellée Maupas.	90
S. Gilles, la ferme et le moulin des petites ailes.	73	Seschaux, la maison du Boschet, et le Prieuré.	58
S. Hilaire le grand.	147	Sevigny, et le hameau de Vualeps, les deux moulins à vent, et les censes appellées la Bouverie, la Maison neuve, le haut Chemin, et la Grange aux bois.	183
S. Hilaire le petit.	172		
S. Jean aux bois, et le hameau du Frety.	189		
S. Imoges.	44		
S. Lienard. *C'est S. Leonard.*	8	Sevigny la Forêt.	69
S. Marcel et Paroisse, les hameaux de Geromont et de la Greve.	110	Signy l'Abbaye, *bourg*, le hameau de Libercis, et les forges du Hurtault.	283
S. Martin l'heureux, et le moulin à eau.	34	Signy le petit, *ville*, le hameau de Brognon et les forges.	415
S. Masmes, le moulin de Scelles, et la ferme de Mousset.	55	Sillery, *marquisat*, et Pontavray. *Pontavray ne subsiste plus.*	58
S. Pierre à Arnes.	26		
S. Quentin le petit, et le moulin à vent.	73	Sommesuippe.	126
S. Thierry, *dont dépendent les restes du château de Bailleux.*	84	Son et le moulin à eau.	63
		Sorbon et la fer. d'Yonne.	64
		Soüain et le moul. à vent.	186
Ste Vauxbourg.	32	Stonne, et le château de Franc-Lieu.	57
Supicourt.	23	Suippe, *ville*, et le moulin à vent.	406
Sapigneulles.	16		
Sarcy en Tardenois.	64	Tainnay, le moulin, et les trois fermes.	82
Savigny, les fermes de Mont-Hazin et la Vallée, et le moulin à hotte.	80	Taissy, le vieux château et le moulin Cliquet.	82
Saulce-Champenoise et le château.	129	Taizy.	26
Saumory.	62	Tarzy et quinze maisons détachées de la Paroisse.	91
Saux saint Remy.	43	Terrieres. *Ce lieu consiste en maisons toutes écartées les unes des autres d'un quart de lieue, et dans les bois.*	28
Sept-Saux.	63		
Sergnion.	40		
Serincourt, le hameau de Forêt, le moulin du Sazy, et la ferme.	141		
		Thil.	48
Sermieres et Paroisse, les hameaux appellez le Petit-Fleury, Montaneux, Nogent, Courtaumont, Morieulle, et le château du Coson.	163	Thillois.	41
		Thin le Monstier, et le hameau de la Forge-Maillard.	182
		Thuizy.	44
Sermonne.	54	Tinqueux.	6
Servion et Souru.	57	Tramery et la fer. appelée la cense des malades.	62

Nombre de feux

Nombre de feux

Treslon.	52	moulin à vent.	28
Trigny.	142	Villers devant Lethour, et le moulin à vent.	141
Troispuits.	75		
Vaux–Boizon.	11	Villers devant Raucourt, et le château de la Raminoise.	12
Vaux lès Mouron.	48		
Vaux lès Rubigny.	54	Villers–Franqueux, et le moulin à vent.	111
Vendeüil, le château d'Irval et le moulin à hotte.	43		
		Villers le Tourneur.	57
Ventelay et Paroisse, les fermes appellées Longvoisin, Beaugillet, Malhouzin, le Buisson, le Verspignon, le Chêne et le Ceté, et un moulin à hotte.	91	Villers–Marmery.	138
		Villers–Meurtry et le château de Givaudel.	33
		Unchair, et la ferme des grandes Fontaines.	63
		Unrzy.	7
Verzenay.	177	Vrigny.	68
Verzy, *dont dépend l'abbaye de S. Basle.*	187	Vuadimont, les fermes de la Maison rouge et de Vaugirard.	46
Vieil S. Remy et dépendances, *consistant en 22. fermes trés–écartées l'une de l'autre.*	193	Vuarmeriville, le hameau de Pr·z, et deux moul. à eau.	132
Vieux lès Avaux.	69	Vuartigny.	10
Vieux lès Manre.	20	Vuazigny et la ferme.	166
Villedemange et les deux moulins à vent.	145	Vüez.	62
		Vuitry et Burigny. *Burigny ne subsiste plus.*	243
Villers–Allerand, et le hameau de Montgenaux.	163		
Villers aux Neuds, et le		Yoncq.	75.

DÉPARTEMENT DE LA FRONTIÈRE
DE CHAMPAGNE,

Dépendant en partie de la Généralité ou Inten-dance de Champagne, et en partie de l'intendance de Metz.

VILLE ET SOUVERAINETÉ DE SEDAN,
Raucourt et saint Manges.

	Nombre de feux		Nombre de feux
La ville de Sedan.	1069	Flaigneux.	50
Balan.	62	Francheval.	103
Bazeille.	113	La Chapelle.	6
La Moneel.	23	Rubecourt.	10
Douzy.	102	Saint Manges.	137
Pouru saint Remy.	103	Haraucourt.	90
Illy.	78	Angecourt.	50
Raucourt.	111	Bulson.	37
Givonne.	103	Tellone et Noyers.	82
Dagny.	35	Vadelaincourt.	48
Villers–Cernay.	79		

SOUVERAINETÉ DE CHASTEAU-REGNAULT.

	Nombre de feux		Nombre de feux
Château–Regnault.	50	Moucy Nôtre–Dame.	46
Braux.	102	Tournavaux.	12
Monthermé.	141	Haulmé.	19
Gepunsart.	100	Maraucourt.	9
Failloüé Haute–Riviere.	160	La Tour–Aglaire.	9
Eslemont.	51	Meslié–Fontaine.	6
Nouzon.	36	Tillay, Nohan, Navau, et	
Joigny.	45	Nau – Basse – Riviere,	
Levrezy.	30	dont Nohan et Navau	
Moucy saint Pierre.	28	paieront.	142

VILLE ET PREVOSTÉ DE MOUZON.

	Nombre de feux		Nombre de feux
La ville de Mouzon,		Les Remilly.	137
2. *casernes.*	464	Lesse.	88
Pouron.	18	Amblimont.	61
Villé.	27	Mairy.	65
Flaba.	17	Brevilly.	65
Aultrecourt.	83	Autreville.	28

La Ville franche.   61

Communautez non sujettes à la subvention.

	Nombre de feux		Nombre de feux
Vrigne aux Bois.	160	Bosseval.	20
Rivière et Issaucourt.	20	Floin.	438

FIN.

TABLE

DES ÉLECTIONS

DE LA

GÉNÉRALITÉ DE CHAMPAGNE.